Kopenhagen

Ein Reiselesebuch

herausgegeben von

Annie Lander Laszig

Ellert & Richter Verlag

Inhalt

Annie Lander Laszig

Von glücklichen Dänen und roten Würstchen

„Dänemark ist ein kleines Land mit fünfeinviertel Millionen Seelen, die meisten von ihnen heißen Andersen, Hansen, Jensen, Jacobsen oder Petersen, es gibt auch ein paar Madsens, Mortensens und Rasmussens darunter, der Abwechslung halber. Sie leben auf einer hübschen grünen Halbinsel und zwei großen Inseln sowie auf vielen winzigen Eilanden nördlich von Deutschland zwischen Nord- und Ostsee. Ein bedeutender Lieferant von Schinken, Käse und Keramik, eine Nation unreligiöser Lutheraner, eine demokratische Gesellschaft, die ihre Stacheln gegen Reichtum und Privilegien aufstellt, mit einem Königshaus, dessen Linie bis Anno Domini 935 zurückreicht. Bei der Halbinsel handelt es sich um Jütland; die beiden Inseln sind Seeland, einschließlich Kopenhagen, und Fünen. Ein hübsches und zivilisiertes Land", so beschreibt der Amerikaner Garrison Keillor mein Heimatland in dem Büchlein „Blickpunkt Dänemark", herausgegeben vom Königlich Dänischen Ministerium des Äußeren. Gerne hören wir, welch schönes Land wir haben, obwohl wir es eigentlich schon wissen, deshalb sind wir ja auch sooo glücklich. Der Psychologe Adrian White hat die Dänen auf der Weltkarte der Glückseligen, der „Hitlist of Happiness", an erste Stelle gesetzt: Dänemark ist das glücklichste Land der Welt. Ein Drittel der Königskinder, 1,8 Millionen, wohnt in der Hauptstadt København und ihrer Umgebung.

„Kopenhagen, dänisch Kjöbenhavn (sprich Köbenhaun), ist die Hauptstadt des Königreiches Dänemark. Es wird überall hier Dänisch gesprochen; doch versteht in Kopenhagen und in den Küstenstädten, die mit Deutschland in regem Handelsverkehr stehen, fast jeder gebildete Mensch Deutsch, wenn er es auch nicht immer geläufig spricht. In den größeren Hotels und Restaurationen findet man fast stets deutsche Kellner." So ist es in „Griebens Reiseführer durch Kopenhagen und Umgebung" von 1895 einleitend zu lesen.

Die deutschen Sprachkenntnisse der Kopenhagener sind in den letzten Jahrzehnten allerdings drastisch zurückgegangen. Der Zweite Weltkrieg hat eine sprachliche Barriere aufgebaut, und zusätzlich hat die Amerikanisierung den Niedergang der Deutschkenntnisse vorangetrieben.

„Die Generation über 50 ist allmählich die einzige, die ein anständiges Deutsch spricht und versteht. Dänemark ist voll im Gange, den sprachlichen Horizont nur aufs Englische einzuschränken, und das ist eine Katastrophe", meint Per Øhrgaard, Professor für deutsche Sprache an der Handelshochschule Kopenhagen, der Copenhagen Business School.

Auf der anderen Seite werden einzelne deutsche Wörter und Begriffe nach dem Fall der Mauer und zunehmend in den letzten Jahren geradezu kultiviert. Dazu hat auch die Fußballeuropameisterschaft von 1992 beigetragen. So ist es absolut im Trend, sich in Kopenhagen in kleinen gemütlichen Kneipen mit deutschem Namen (geschrieben, wie die Dänen es hören) zu treffen. Im Stadtteil Nørrebro heißen solche Lokale etwa „Gefährlich", „Rust" oder „Fünf", im westlichen Stadtteil Vesterbro „Riesen", „Märkbar" und „Strassen". In der Innenstadt serviert man in „Heidis Bierbar" und im „Café Kreuzbar" kühle Drinks – und sei's auch ein gutes dänisches Bier.

Es ist immer wieder faszinierend, in alten Reiseführern zu blättern. Heute loben wir die moderne

Technologie und die schnellen Wege der Kommunikation, und dennoch kann ein Brief von Lübeck nach Kopenhagen drei bis fünf Tage unterwegs sein. Zur Zeit von Griebens Reiseführer wäre das undenkbar gewesen: Da gab es eine tägliche Verbindung zwischen Lübeck und Kopenhagen-Malmö, acht Dampfschiffe sorgten zuverlässig für den regelmäßigen Post- und Personenverkehr.

Seit Jahrhunderten besteht aber eine mehr oder weniger enge Verbindung zwischen Deutschland und der dänischen Hauptstadt, die nur zeitweise aus politischen/kriegerischen Gründen unterbrochen war. Nachbarn lieben sich ja nicht immer. Jeder will das Beste haben und gönnt dem anderen seinen Erfolg nicht.

Bischof Absalon ließ 1167 eine Burg an einem günstig gelegenen Knotenpunkt für den Ostseehandel bauen. Der Grundstein für Kopenhagen war damit gelegt. Absalon nannte die Burg *portus mercatorum*, den Hafen der Kaufleute, aber kaum hundert Jahre später eroberten die Lübecker die Burg des Bischofs. Es war den Lübeckern ein Dorn im Auge, dass Absalon den Schonenfischmarkt dadurch kontrollieren konnte und den Øresund, der die Ostsee mit Kattegat und Skagerrak verbindet. Die Ruinen von Absalons Burg sind heute noch unter dem Schloss Christiansborg zu besichtigen. Heinz Barüske führt durch die wechselvolle Geschichte von der Bischofsburg bis zur Residenzstadt des Königreiches Dänemark.

Kopenhagen war jahrhundertelang die zentrale Stadt im Großreich Dänemark, einem multinationalen Reich. Verglichen mit dem einstigen Areal ist Dänemark über die Jahrhunderte entscheidend „geschrumpft“. Bis 1658 gehörten Schonen und Blekinge in Schweden und bis 1864 auch ganz Schleswig zum Reich der dänischen Könige. Halland war schon 1645 für 30 Jahre an Schweden abgetreten worden und wurde 1658 mit den anderen Provinzen endgültig abgegeben. Norwegen (bis 1814), Island (bis 1944), die Färöer und Grönland gehörten ebenso dazu wie auch zeitweise Kolonien in Afrika und Westindien. Diese wechselvolle Geschichte des dänischen Reiches hat sich auch in Kopenhagen niedergeschlagen. Heute noch sind Grönland und die Färöer Teil des Königreichs.

Kopenhagen blieb während des Mittelalters klein und hinter Stadtwällen verschlossen. Erst König Christian IV. erweiterte das Gebiet und veränderte die mittelalterlich geprägte Metropole in eine elegante Renaissancestadt. Kaum ein anderer König hat die Stadt so verändert wie er. Seine markantesten Bauwerke, Schloss Rosenborg, der Runde Turm und die Börse, sind seitdem Besuchermagneten sowohl für Dänen als auch für ausländische Gäste. Ich bin in Kopenhagen geboren und liebe seit meiner Kindheit diese architektonischen Schönheiten und bin fasziniert von dem genialen und ideenreichen König, der zudem auch ein liebevoller Vater von 26 Kindern war. Christian IV. ist die wohl schillerndste Persönlichkeit, die unter den dänischen Königen zu finden ist. Dass er sein Land in Unglück und Armut trieb und es bei seinem Tod am Rande des Bankrotts stand, darauf reitet heute keiner mehr herum.

Der 1425 von König Erik von Pommern eingeführte Øresundzoll machte Christian IV. zu einem der reichsten Monarchen Europas, aber er war genial, was Geldverschwendung betraf.

Der Sundzoll wurde endgültig 1857 abgeschafft. Heute gibt es aber viel bessere Methoden, den Bürgern das Geld aus der Tasche zu ziehen, in Form von Steuern, Brückengeldern, Parkgebühren (die in Kopenhagen hoch sind) und vielem mehr.

Im 16. Jahrhundert setzte ein reger Zustrom deutscher Einwanderer nach Kopenhagen ein, darunter auch viele Adelige. 1626 ließ sich ein Joachim Schumacher aus Hamburg hier nieder und heiratete eine deutsche Einwanderertochter. Der Sohn Peder Schumacher, der später den Namen Griffenfeld erhielt, wurde Sekretär des Königs und gewann großen Einfluss. König Frederik III. bestellte ihn 1663 als Archivar und Bibliothekar der ersten Königlichen Bibliothek. Seine Statue steht heute im Garten hinter der Königlichen Bibliothek.

Früh wurde die dänische Hauptstadt als „Stadt der schönen Türme“ bekannt. Was für Paris der Eiffelturm, ist für Kopenhagen der Runde Turm. Dieses Bauwerk erblickte Hans Christian Andersen, als er am Montagmorgen, dem 5. September 1819, von der Anhöhe bei Frederiksberg zum ersten Mal die Stadt vor sich liegen sah. Der spätere Märchendichter kam mit 14 Jahren von Odense mit dem einzigen Ziel in die Hauptstadt, berühmt zu werden – das wurde er. Die königliche Residenzstadt war 56 Jahre lang bis zu seinem Tod 1875 seine Heimat, obwohl er oft lange auf Auslandsreisen war. In dem überfüllten Kopenhagen fand er überall Inspirationen und Ideen für seine Märchen, Erzählungen und Romane. In seinem Roman „Sein oder nicht sein“ wird von Niels Bryde erzählt, der im Runden Turm geboren und aufgewachsen ist. In der Stadt wurden 1859 die alten Laternen durch Gasleuchten ersetzt, Hans Christian Andersen greift dies in seinem Märchen „Die alte Straßenlaterne“ auf. Die Erzählung „Von einem Fenster in Vartov“ beginnt folgendermaßen: „Nach dem grünen Wall zu, der Kopenhagen umschließt, liegt ein großes, rotes Gebäude mit vielen Fenstern, in denen Balsaminen und Beifuß wachsen; drinnen sieht es ärmlich aus, und dort wohnen arme, alte Leute. Es ist Vartov.“ Nur zwei Beispiele von vielen Geschichten und Märchen Andersens, die in Kopenhagen spielen.

Die Zeit, in der Andersen lebte, wird heute als das „Goldene Zeitalter“ bezeichnet. Weltberühmte Dänen lebten in diesem Jahrhundert. Die Großeltern eines der bekanntesten Maler, Christen Købke, waren 1720 aus dem damals schwedischen Pommern gekommen.

Der Vater des Künstlers besaß die Bäckerei im „Kastellet“, die vom Sohn in einem Meisterwerk verewigt wurde. Das Kastell, unweit der Langelinie gelegen, wird bis heute militärisch genutzt und ist zugleich eine beliebte Grünanlage der Hauptstadt. Ein Besuch lohnt sich immer; historisch Interessierte haben zudem die Möglichkeit, die Gefängniszelle des deutschen Arztes Johann Friedrich Struensee (1737–1772) zu besichtigen. Er war aufgrund seiner Liaison mit Königin Caroline Mathilde der Majestätsbeleidigung angeklagt und hier die letzten drei Lebensmonate bis zu seiner Exekution inhaftiert. Die Gebeine seines zerstückelten Leichnams sammelten mitleidige Bürger zwei Jahre später auf. Sie sollen in einer kleinen Holzkiste unter dem Sarg des dänischen Finanzministers Graf Ernst Heinrich Schimmelmann (1747–1831) in der St.-Petri-Kirche in Kopenhagen aufbewahrt werden. Das Schicksal des königlichen Leibarztes, das sich in Kopenhagen und Umgebung vollzog, ist ein heikles Kapitel in der Geschichte Dänemarks. Seine hervorragenden Leistungen sowohl als Mediziner wie auch als politischer Reformer stellt Reinhard Laszig in seinem Beitrag „Wo Struensee seinen Kopf verlor“ dar.

In der Nähe des Militärgeländes „Kastellet“ befindet sich eine gelbe Reihenhaussiedlung, „Nyboder“ (Neue Buden), die in den Jahren nach 1630 von König Christian IV. für die königlichen Marinesoldaten und ihre Familien gebaut wurde. In einem der Gärten hinter den gelben Häuschen saß eines Nachmittags ein altes Ehepaar und sprach miteinander über sein langes Leben. So erzählt es Hans Christian Andersen in seinem Märchen „Mutter Holunder“.

Im Gegensatz zu Andersen verließ Søren Aabye Kierkegaard kaum seine Geburtsstadt Kopenhagen. Auch heute kann man seinen Spuren in der Metropole folgen. Kierkegaards Geburtshaus stand auf Nytorv, heute befindet sich dort ein Bankgebäude. Hier wurde er am 5. Mai 1813 geboren. Er erblickte das Licht der

Welt „in dem Jahr, in dem mancher tolle Geldschein in Umlauf gebracht wurde“, wie er selbst schreibt (1813 war das Jahr des dänischen Staatsbankrotts). Er besuchte die Borgerdydschule (Gråbørdre Torv, heute das Verlagshaus Gyldendals), hatte aber keine schöne Schulzeit. Wegen seiner Ungeschicktheit war er immer wieder Spott und Hohn ausgesetzt. Nach seinem Abitur studierte er Ästhetik, Philosophie und Theologie und schloss 1840 mit einem theologischen Examen sein Studium ab. Schon damals war „Strøget“ („der Strich“, der aus fünf Straßen besteht) die Flaniermeile, auf der der Sohn des wohlhabenden Kaufmanns täglich spazierte. Allein der Ausblick aus seiner Wohnung über den oberen Teil der Fußgängerstraße Østergade lieferte ihm genügend Stoff für sein „Tagebuch des Verführers“, dem bekanntesten Teil von „Entweder – Oder“. Er mochte die nationale Kleingeistigkeit und Bigotterie vieler seiner Mitbürger nicht, aber er war ein passionierter Kopenhagener und blieb mit nur wenigen Ausnahmen sein Leben lang in der Hauptstadt. Oft schrieb er unter verschiedenen Pseudonymen wie etwa „Vigilius Haufniensis“ – der wachsame Kopenhagener. Er war bekannt wie ein bunter Hund in der engen Stadt oder auf den Wällen, wo er immer spazieren ging. Im „Tagebuch des Verführers“ beschreibt er, was er in der Østergade alles beobachten konnte.

Die schöne Silhouette Kopenhagens sieht man heute noch, wenn man über die Autobahnen (E20 und E47) von Süden kommend in die Stadt fährt. Zwei außergewöhnliche Türme ragen dabei heraus, der Turm der Börse aus vier verschlungenen Drachenschwänzen gestaltet und der Turm der Erlöserkirche (Vor Frelsers Kirke). Den Turm der Erlöserkirche zu erklimmen erfordert schon Mut. Diese Erfahrung machte bereits Jules Verne im August 1861, als er während einer Skandinavienreise ein paar Tage in Kopenhagen verweilte. Auf dem Programm stand auch ein Besuch der Erlöserkirche. Sein Bruder Paul schreibt bei seinem Aufenthalt in der Hauptstadt 1881: „Es gehört indes eine gute Portion kaltes Blut dazu, diese Ersteigung ungestraft auszuführen. Mein Bruder schilderte in seiner ‚Reise zum Mittelpunkt der Erde' eine solche Lektion gegen das Schwindligwerden, welche Professor Lidenbrock seinem Neffen Axel auf dieser luftigen Treppe erteilt." Der nicht schwindelfreie Axel wird von seinem unbarmherzigen Onkel zum Aufstieg gezwungen, wurde aber immerhin mit dem Ausblick auf Kopenhagen belohnt: „Ich öffnete die Augen und schaute auf Häuser hinunter, flach und wie von einem Sturz zerquetscht, mitten in einem Nebel von Rauch. Über meinen Kopf stoben zerzauste Wolken hinweg und durch eine optische Umkehrung schienen sie mir unbeweglich, während der Glockenturm, die Kugel und ich mit fantastischer Geschwindigkeit fortgerissen wurden. In der Ferne erstreckte sich auf der einen Seite grünes Land, auf der anderen funkelte unter den Strahlenbündeln der Sonne das Meer."

Eine Ostseereise war nicht nur zur Zeit der Brüder Verne sehr beliebt. Heute hat Kopenhagen sogar eine Reihe von Auszeichnungen als beliebtestes Kreuzfahrtziel Nordeuropas vorzuweisen. Mit mehr als dreihundert Anläufen von Kreuzfahrtschiffen in einem Jahr kamen 2008 rund 560 000 Gäste in die Stadt der Kleinen Meerjungfrau.

Während der dänische Schriftsteller Herman Bang (1857–1912) lebte und schrieb, entwickelte sich Kopenhagen zu Großkopenhagen. Die Stadtwälle wurden geschleift, neue Boulevards, Parks und Plätze, Theater und Cafés entstanden, doch mancher Entwurf schoss dabei übers Ziel hinaus, das Ergebnis war nur noch protzig. Bang nahm seine Mitbewohner aufs Korn. Aber nicht nur die Stadt und ihre Menschen beschrieb er. Darüber hinaus entführte er den Leser auf eine Fahrt entlang der Øresundküste nach Norden.

In den letzten drei Jahrzehnten ist die Lebenserwartung der Dänen im Vergleich zu 20 anderen

OECD-Ländern gegen alle Erwartungen drastisch gesunken. Das hängt wohl mit dem Lebensstil der „modernen Menschen“ zusammen, die gerne rauchen, trinken und sich vielerlei Stress aussetzen. Die zahlreichen gemütlichen Cafés, Wirtshäuser, Fischrestaurants und Kneipen laden mittags zur „Frokost“ ein, was zwar wörtlich übersetzt „Frühstück“ heißt, aber „Mittagessen“ bedeutet und gelegentlich auch auf den Abend verlegt werden kann – etwa beim traditionellen Jule(=Weihnachts-)frokost. Wer glaubt, „Smørrebrød“ sei bloß ein schlichtes Butterbrot, der hat noch nie bei Ida Davidsen die geradezu künstlerisch belegten Brote probiert. Viele Frokostrestaurants, oft im Souterrain gelegen, bieten diese Kreationen an. Eine wahre Freude für Augen und Gaumen. Meine Empfehlung ist „Dyrlægens natmad“, das Nachtmahl des Tierarztes, oder „Sonne über Gudhjem“. Zum Smørrebrød gehört aber auch das dänische Bier und einer (vielleicht auch zwei …) der vielen verschiedenen Schnäpse.

Der Brauer des Carlsberg-Biers, Carl Jacobsen, war gleichzeitig leidenschaftlicher Kunstsammler und Mäzen und überschüttete seine Geburtsstadt mit unzähligen Statuen und Brunnen. Die bekanntesten sind die Lurenbläser auf dem Rathausmarkt und der Gefionbrunnen, aus dem eigentlich Bier hätte sprudeln sollen. Aber daraus wurde leider nichts. Wer heute etwas für die Kunst tun möchte, braucht nur „Skål“ zu sagen und ein „Carlsberg“ zu trinken. Ich erkläre Ihnen in meinem Beitrag, warum. Auch das Wahrzeichen Kopenhagens, die Kleine Meerjungfrau, ist dem Bier zu verdanken. Allein ihretwegen lohnt sich ein Besuch am Øresund, wie die Kieler Journalistin Birgit Sippell-Amon schreibt. Aber aufgepasst, sie ist wirklich klein! Ich erinnere mich heute noch an meine Enttäuschung, als ich sie als Kind zum ersten Mal sah. Trotz ihres hohen Alters wird die kleine Dame auf große Reise gehen: zur Weltausstellung in Shanghai 2010. Die Kopenhagener sind mit dieser Reise allerdings nicht ganz einverstanden.

Das beliebteste Transportmittel in der dänischen Hauptstadt ist das Fahrrad. In Dänemark besitzen 80 Prozent der Einwohner einen Drahtesel, 20 Prozent sogar zwei. Besuchen Sie doch einmal mit Kurt Tucholsky das Polizeipräsidium der Metropole und erfahren Sie, was manchmal auch mit Fahrrädern passieren kann. Vor einigen Jahren wurde ein Sänger und Komiker, Jakob Hougaard, mit höchster persönlicher Stimmzahl ins Parlament auf Schloss Christiansborg gewählt, weil er den Wählern „Rückenwind auf allen Radwegen" versprach. Nehmen Sie sich eines der vielen Stadträder, die überall im Zentrum zur freien Benutzung stehen, und sehen Sie selbst, wie es mit dem Rückenwind steht, in der Stadt, die für Tucholsky auch eine Oase in der Wüste Europas ist.

Wer eine gute Kondition hat, kann mit dem Fahrrad entlang der Øresundküste nach Louisiana und Rungstedlund fahren. Beide Anwesen gehören zu einem Kopenhagenbesuch unbedingt dazu. Tania Blixen berichtet selbst über die Geschichte des Hauses in Rungstedlund. Knud W. Jensen, Gründer des Museums für Moderne Kunst Louisiana, und Freddy Langer kommen zu Wort, wenn es um eine der beeindruckendsten Kultureinrichtungen Dänemarks geht.

Seit einem Vierteljahrhundert wohne ich nun in Deutschland, empfinde aber Kopenhagen immer noch als *meine* Stadt, die ich jährlich mehrfach besuche. Im Norden Deutschlands kann man die beiden dänischen Fernsehprogramme empfangen, und nichts ist wichtiger für uns Dänen, als die Jahresbotschaft der Königin Margrethe II. zu hören. Garrison Keillor hat dieses Ritual der Dänen zum Jahresausklang wunderbar beschrieben. „... am 31. Dezember setzt du dich um 18 Uhr hin, so wie jeder in Dänemark, und siehst dir im Fernsehen Königin Margrethe an, die ihre jährliche Silvesteransprache an das dänische Volk hält. Sie dauert etwa 12 Minuten und schließt mit ihren Grüßen an die Menschen in Grönland und auf den Färöer-Inseln und an die Menschen, die an diesem Abend auf See arbeiten. ‚Aufrichtige Grüße vom Prinzen und von mir', sagt sie mit einem strahlenden Lächeln. ‚Gott segne Dänemark.' Und dann fängt jeder an, sich ein bisschen zu betrinken, oder vielleicht auch stark. Um Mitternacht spielt das dänische Fernsehen die romantische Nationalhymne, und du stehst da, das Glas Champagner in der Hand, und singst mit, wobei du den Text vom Fernsehschirm abliest. Um zwei machst du einen Spaziergang, um deinen Kopf klar zu bekommen." Jasper von Altenbockum gratuliert der Königin in diesem Reiselesebuch nochmals zu ihrem 60. Geburtstag und dies mit Recht. Sie nimmt einen entscheidenden Platz in den Herzen der Kopenhagener ein. Gerne kommen wir mit Fähnchen und rufen: „Dronning, dronning kom nu frem, ellers går vi aldrig hjem" (Königin, Königin, komm heraus, sonst werden wir nie nach Hause gehen). Danach erscheint sie stets mit ihrer ganzen Familie auf dem Balkon des Schlosses Amalienborg und winkt huldvoll.

Auch wenn die Stadt sich über die Jahrhunderte verändert hat, lieben die Kopenhagener weiterhin das königliche Flair ihrer Regierungsstadt. Der Kieler Journalist Hans Joachim Kürtz beantwortet die Frage, warum Kopenhagen die „größte kleine Hauptstadt Europas" ist. Trotz geschäftigen Großstadttreibens hat sich die Metropole seinen Ruf als gemütliche und überschaubare Stadt bewahrt. In vielerlei Hinsicht ist Kopenhagen eine Stadt der Gegensätze. Mit „Made in Denmark" rückt Reinhard Laszig die moderne Seite der Stadt mit ihren Architekten und Designern in den Blickpunkt und zeigt, wie Alt und Neu Hand in Hand gehen.

2005 wurde Kopenhagen von dem Publizisten Tyler Brûlé in der Financial Times als eine von zehn Traumstädten weltweit auserkoren, mit der Begründung, dass diese Stadt „ihren Bewohnern und Besuchern die beste Lebensqualität bietet".

Und genau das – eine Traumstadt – ist Kopenhagen für mich von Kindesbeinen an.

2008 war Tyler Brûlé, Trendsetter und Chefredakteur der britischen Zeitschrift Monocle, erneut auf einer Vergleichstour unterwegs und wählte weltweit die 25 Städte aus, in denen es die besten Lebensbedingungen gibt. Und nun fand sich Kopenhagen auf Platz eins, in scharfem Wettbewerb mit Stockholm, München und Barcelona. Die Gründe für die Spitzenposition: viele Fahrräder, ein effektives öffentliches Verkehrsnetz, Toleranz gegenüber Homosexuellen, ein gutes Ausbildungssystem, öffentliche Krankenhäuser, niedrige Kriminalität, die Möglichkeit, den Kinderwagen mit oder ohne Kind sicher auf der Straße stehen lassen zu können, die Esskultur und viele schöne Restaurants, Design und Kultur auf hohem Niveau, ein vorbildlicher Flughafen und attraktive Menschen. Das stimmt hervorragend mit der Selbsteinschätzung der Dänen überein, denn: „Dänemark ist das glücklichste Land der Welt" – so das Ergebnis einer Untersuchung der Universität Leicester. An Feiertagen ist das Glück der Kopenhagener auch farblich erkennbar. Das Garderegiment der Königin präsentiert sich dann nicht blau wie üblich, sondern rot wie die Pølser in den Würstchenwagen. Ja, zum Glück hat Kopenhagen sich seinen ursprünglichen Charme bewahrt.

Aber noch eins sollten Sie wissen: Die dänische Sprache ist nicht einfach, aber ein Wort, ja fast ein Zauberwort, sollten Sie kennen: „Tak!" (DANKE). Ein Wort für alle Gelegenheiten, ein kleines Wort, das Türen öffnet. „Tak" in allen Lebenslagen. „Tak" nach dem Kauf, „tak", wenn jemand einem den Weg gezeigt hat und wenn man sich verabschiedet: „Farvel og tak" oder wie es zum Schluss Joachim Ringelnatz sagt: „Lebe wohl, du schönes Kopenhagen."

Heinz Barüske

Kopenhagen wird Hauptstadt und Residenz des Königreichs Dänemark

Kopenhagen, am Øresund gelegen, jener Wasserstraße, die die Ostsee mit dem Kattegat und Skagerrak verbindet und schließlich ins Nordmeer führt, war schon in der Steinzeit ein Siedlungsplatz von gewisser Bedeutung. Lag doch jenseits des Sundes weites nordisches Land. Jahrhundertelang zu Dänemark gehörend, kam dieses Land „auf der anderen Seite" später zu Schweden, behielt aber seinen alten Namen Schonen.

Dort, wo einst die Steinzeitmenschen in ihrer Siedlung am Øresund lebten, entstanden in historischer Zeit, um 950, die ersten Bebauungen, und 1167 ließ Absalon, Bischof und Staatsmann zugleich, am Hafen und neu aufblühenden Handelsplatz eine Burg als Verteidigungsanlage gegen die zu damaliger Zeit ins Land einfallenden Wenden errichten.

Diese Burg wurde 1249 von den Lübeckern trotz heftigen Widerstands der Kopenhagener erobert und bis auf den Grund zerstört. Die erste Erwähnung des Namens Kopenhagen (Kiopmanhafn, neudän. København = Kaufmannshafen) findet man in einem Schreiben des Papstes Bonifatius VIII. (reg. 1294–1303) im Zusammenhang mit dem damaligen Kirchenkampf. Dieses Schreiben ist vom 9. März 1299 datiert.

Die Stadt aber fand keine Ruhe. Der dort aufblühende Handel war vor allem der Hanse ein Dorn im Auge. Aber auch die Holsteiner Grafen, die sich immer weiter nach Norden auszubreiten versuchten, unternahmen alles, was in ihrer Macht stand, um dem Königreich Dänemark Schaden zuzufügen.

Es war Königin Margretes Vater und König Erichs Urgroßvater mütterlicherseits, Waldemar IV. Atterdag, der in seinem Kampf gegen die Holsteiner und Hanseaten nach der verheerenden Niederlage seines Reiches wieder die Oberhand gewann und Dänemark vor dem totalen Untergang rettete. 1346 glückte es ihm, die Holsteiner aus Kopenhagen zu vertreiben. Und da überließ ihm der vaterlandstreue Roskilder Bischof Henrik Gertsen 1350 die Stadt Kopenhagen, die ja seit Absalons Zeiten immer im Besitz der Roskilder Bischöfe war, auf Lebenszeit.

Doch 1367 beginnt der Kampf von Neuem. Am 11. November dieses Jahres traten in Köln 37 Hansestädte zusammen und beschlossen, Dänemark wieder den Krieg zu erklären. Schweden unter König Albrecht von Mecklenburg und die holsteinischen Grafen schlossen sich ihnen an. Gegen eine so mächtige Koalition konnte Dänemark kaum etwas ausrichten. Und so versuchte König Waldemar, bei seinen Freunden unter den deutschen Fürsten Hilfe zu bekommen. Er überträgt die Regierungsgeschäfte dem befreundeten rügenschen Adelsmann Henning Podebusch, den er auch mit uneingeschränkten Vollmachten versieht, und verlässt am 6. April 1368 sein Land.

Kaum aber hat Waldemar Dänemark verlassen, als auch schon der Angriff auf das Königreich beginnt. Die Flotte der Hanse läuft in den Øresund ein und König Albrecht überfällt Schonen. Die Mecklenburger landen auf Lolland und die holsteinischen Grafen dringen tief nach Jütland ein, wo sie Unterstützung durch die alte jütische Aufruhrpartei erhalten.

Dänemark wird von allen Seiten von Feinden bedrängt. Bereits am 2. Mai wird Kopenhagen übergeben und völlig ausgeplündert. Auch Helsingør, Malmö, Falsterbo und Skanör fallen in die Hände des Feindes. Auf der Insel Mön erobern die Mecklenburger Stege. Ribe kapituliert vor den Holsteinern. Ålborg fällt im September, worauf sich Randers ergibt. Auch Norwegen bleibt vom Krieg nicht verschont. Die niederländischen Hanseaten plündern und brandschatzen viele norwegische Städte und Ortschaften, und Hungersnot verbreitet sich überall.

Zwar findet König Waldemar in Deutschland Freunde und Bundesgenossen. So stellen sich die Fürsten von Brandenburg, Sachsen-Lauenburg und Braunschweig-Lüneburg auf seine Seite. Aber das konnte den dänischen König nicht retten. Ihre Heere wurden, als sie in Mecklenburg und Holstein einfielen, geschlagen und die Fürsten zum Frieden gezwungen.

Über Norwegen hatten die Hanseaten eine Blockade verhängt, die schließlich König Hákon zum Frieden zwang, der am 3. August geschlossen wurde.

Dänemark stand wieder einmal kurz vor dem Untergang. Zwar verteidigten sich noch einige Burgen, aber der größte Teil des Landes war in Feindes Hand. Am 8. September kapituliert Helsingborg nach anderthalb Jahren Belagerung. Kaum war die Stadt gefallen, als auch schon hanseatische Steinhauer in Kopenhagen erschienen, um die Burg, die wieder aufgebaut worden war, abzureißen. Es sah ganz so aus, als hätten Dänemarks alte Feinde, Holsteiner und Hanseaten, es endlich geschafft, dieses älteste Königreich Europas auszulöschen.

Doch es kam anders. Und das verdankt Dänemark jenem pommerschen Freund König Waldemars, dem rügenschen Adelsmann und Drost des Reiches Henning Podebusch.

Ihm glückte es, Verhandlungen mit den Hansestädten zu beginnen, obwohl diese ihren Alliierten zugesagt hatten, keinen Sonderfrieden zu schließen. Doch Henning Podebusch konnte die Hanseaten dazu bewegen, am 30. November einen Waffenstillstand abzuschließen.

Die Alliierten der Hansestädte schäumten vor Wut. Sie konnten die völlige Vernichtung Dänemarks nicht mehr erreichen.

Am 24. Mai des folgenden Jahres wird zwischen Dänemark und 37 Hansestädten Frieden geschlossen – allerdings zu harten Bedingungen für die Dänen. Aber in Anbetracht der Lage hätte alles noch viel schlimmer ausfallen können. Die wichtigsten Bedingungen, die König Waldemar am 27. Oktober besiegelte, waren folgende: Vor allem hat Dänemark die weitgehenden Freiheiten der Hanseaten auf dem Schonen-Markt zu sichern. Als Garantie dafür soll der Bund der Hanse 15 Jahre das Verfügungsrecht über die Schlösser in Schonen haben sowie zwei Drittel der Marktabgaben. Und schließlich verlangten die Hanseaten Mitspracherecht bei der Wahl eines Nachfolgers des Königs.

Als das alles besiegelt war, verging den ehemaligen Bundesgenossen der Städte alle Lust an einer Weiterführung des Krieges. König Albrecht hatte bereits Schonen geräumt und der Herzog von Mecklenburg bat um Frieden und lieferte alle seine Eroberungen aus.

Die Holsteiner aber wurden 1372 von König Waldemar aus Jütland gejagt und bis nach Schleswig verfolgt, wo er das Schloss Gram einnimmt. Und nachdem er 1373 gleich nach Neujahr noch Flensburg bekommt, schließen die Holsteiner Frieden und liefern alle ihre Eroberungen ab.

An diesen Auseinandersetzungen wird erkennbar, wie wichtig es für das Königreich Dänemark war, dass König Erich von Pommern alles daransetzte, das Herzogtum Schleswig wieder unter die dänische Krone zu bringen. Und es wird auch klar, dass der Bund der Hanse eine permanente Bedrohung darstellte, begründet durch die kaufmännischen Interessen der Städte.

Nachdem König Waldemar am 24. Oktober 1375 im Alter von 55 Jahren auf Schloss Gurre in Nordseeland gestorben war, fielen Burg und Stadt Kopenhagen wieder an das Roskilder Bistum zurück; denn man hatte ihm Kopenhagen ja nur auf Lebenszeit überlassen.

Nun war ja von der Burg nach ihrer Zerstörung durch die Hanseaten kaum etwas übrig geblieben. Als der hochbegabte Peder Jensen Lodehat, ein Bürgerlicher und ein persönlicher Freund von Königin Margrete, 1396 Bischof von Roskilde und Kanzler des Reiches wird, werden Burg und Schloss von Kopenhagen wieder neu errichtet. Als aber 1416 Peder Jensen Lodehat stirbt, sieht König Erich die Stunde gekommen, Burg und Stadt Kopenhagen endlich unter die dänische Krone zu bringen. Das ist aber gar nicht so einfach. Doch der rechtskundige König hat bereits einen Plan.

Er stellte nämlich fest, dass der Roskilder Bischof Niels Jakobsen Ulfeldt (gest. 1395) 1375 – nach Waldemars Tod – Kopenhagen „mit Gewalt" und nicht „nach den Gesetzen des Landes" an sich gebracht hatte. Und das wollte er durch ein Gerichtsurteil überprüfen lassen.

Das alles geschah, als das Domkapitel von Roskilde noch gar nicht über einen Nachfolger Lodehats Entscheidungen getroffen hatte, und zeigt gleichzeitig, wie schnell und konsequent der König seine Regierungsgeschäfte erledigte, wenn es galt, Reformen für sein Land in die Wege zu leiten.

Wie schnell es dem König gelang, Kopenhagen unter die Krone zu bringen, lässt sich leicht an zwei Daten ablesen. Peder Jensen Lodehat war am 19. Oktober 1416 gestorben und bereits am 19. Februar 1417 hatte der König das Urteil in der Hand. Es ist mit einer ganzen Reihe von Siegeln ausgefertigt (jetzt im Rigsarkivet Kopenhagen) und erklärt den König zum alleinigen Herrn von Kopenhagen.

Es waren zwölf Reichsräte, „zwölf wohlgeborene, wahrheitsliebende, ältere und in Seeland ansässige Männer", die auf dem Landsthing von Seeland zu diesem Spruch kamen.

Peder Jensen Lodehats Nachfolger, sein Neffe Jens Anderssön, der Propst in Odense gewesen war, hatte der von König Erich vorgebrachten Begründung seiner Forderung widersprochen. Er und seine rechtskundigen Kleriker konnten dem Gericht außer den alten Anrechtsbriefen auf Kopenhagen seit Absalons Zeiten auch den Brief von Königin Margrete vorlegen, den der damalige Roskilde-Bischof Niels Jakobsen Ulfeldt 1375 bei der Rückgabe von Kopenhagen erhalten hatte und in dem die Stadt als „bischöflicher Besitz" bezeichnet wird. Und Bischof Jens konnte auch Erichs Erklärung heranziehen, in welcher der König gelobte, „alle Privilegien des Bischofstuhls zu bewahren."

Zweifellos war der Roskilde-Bischof formal im Recht. Es ist jedoch möglich, dass dem damaligen Bischof 1375 bei der Rückgabe irgendwelche Formfehler unterlaufen sind, die der rechtskundige König nun zur Begründung seines Anspruchs aufgriff.

König Erich hatte sich also durchgesetzt. Kopenhagen mitsamt Schloss und Burg, „Kopenhagens Haus" (Københavns Hus) genannt, blieb für immer Hauptstadt und Residenz des Königreichs Dänemark.

Daran konnte auch die Berufung beim Papst, in die der Bischof ging, nichts ändern. Und obwohl Erich nach Entgegennahme des Urteils großzügig erklärt hatte, sich auch einem neuen Urteilsspruch der zwölf Reichsräte zu stellen, lehnten die Roskilder das ab. Sie wollten keine weltlichen Räte mehr über das Gut der Kirche urteilen lassen. Ihren Vorschlag, ein Gericht aus dem Erzbischof und den anderen Bischöfen des Landes bilden zu lassen, lehnte wiederum der König ab. So kam es zu keiner weiteren Verhandlung und Bischof Jens musste sozusagen klein beigeben. Wie auch König Erich in den Besitz von Kopenhagen gekommen sein mag, er hat sich die Stadt nicht mit Gewalt angeeignet, sondern bekam sie durch ein rechtskräftiges Urteil zugesprochen.

Dass Erich Dänemark nun endlich eine zentrale Hauptstadt und Residenz hatte schaffen können, gereichte Stadt und Land zu großem Nutzen. Bisher hatten die dänischen Könige ihre Residenzen immer gewechselt. Mal bezogen sie in ihrem Reich hier, mal dort ein Schloss. So wie es auch im Mittelalter die deutsch-römischen Kaiser taten, die während ihrer Regierungszeit verschiedene Pfalzen ihres Landes zu ihren Residenzen machten. Jetzt regierte König Erich von „Kopenhagens Haus" aus, dem Schloss, das zugleich Burg war und in dem seine Regierung ihren Sitz hatte – die Kanzlei. Sie zog in früheren Zeiten immer mit den Königen mit und wurde interimistisch in deren jeweiligen Schlössern eingerichtet. Das war jetzt nicht mehr nötig. Ein fester Regierungssitz war umso wichtiger, als sich dort auch die zentrale Verwaltung aller Unionsreiche befand. Es ist bekannt, dass sich des Königs Vögte aus Schweden und Norwegen hier einfanden, um Bericht zu erstatten und Rechenschaft über ihre Verwaltungsbezirke abzulegen. Kopenhagen war jetzt der wirkliche Mittelpunkt des großen Unionsreiches, von wo alle Fäden ausgingen.

Im Schloss wurden auch die wichtigsten Versammlungen der Räte abgehalten, ausländische Gesandte und Delegationen empfangen und überhaupt alles das getätigt, was in der königlichen Residenz eines großen Reiches an der Tagesordnung war. […]

Mit Kopenhagen aber hatte der König eine bedeutende Stadt erworben; sie war im gesamten Norden die zweitreichste nach Bergen.

Schon wenige Jahre nachdem Erich die Stadt in festen Händen hatte (1422), gab er Kopenhagen Privilegien, die sie bald zu einer aufblühenden Stadt machten. Von ihnen profitierten natürlich die Kaufleute besonders, jener Bürgerstand, den der König schon immer begünstigt hatte. Erst dann kamen die Handwerker. Nachdem Erich die Stadt übernommen hatte, war in ihr ein spürbarer Zuwachs der Oberklasse zu bemerken. Das lag nicht nur an der Einwanderung deutscher Kaufleute, sondern auch an dem neu in die Stadt einziehenden Landadel. [...]

In Kopenhagen aber, der neuen Haupt- und Residenzstadt des Landes, entwickelte sich ein reges Leben. Seit ihrer Gründung waren viele ansehnliche Bauwerke entstanden, wie die berühmte Frauenkirche, deren erster Bau 1209 eingeweiht wurde. Bald kamen die St.-Klemens-Kirche, die St.-Petri-Kirche und die St.-Nikolai-Kirche hinzu. 1295 wurde das Heilige-Geist-Haus gegründet und etwas später die Heilige-Geist-Kirche. Und natürlich befanden sich schon früh mehrere Klöster in der Stadt. Aber es gab auch eine Schattenseite zu diesen geistlichen Stätten. Die war dort, wo der jetzige Hauser-Platz in Kopenhagen liegt, in damaliger Zeit eine dünn besiedelte Gegend, die „Rosenhof" (dän. Rosengården) genannt wurde. In deutschen Städten wie Wismar und Rostock gab es auch einen „Rosengarten". Das war ein Platz, auf dem ursprünglich die Stadtmusikanten zum Tanz aufspielten, der sich aber später zu einer fragwürdigen Gegend entwickelte mit billigen Kneipen und Bordellen.

So war es wohl auch in Kopenhagen. Denn die durchreisenden und sich vorübergehend dort aufhaltenden Agenten und Handelsleute der Hanse, die nach den Regeln des Hansebundes unverheiratet bleiben mussten, suchten bei ihrer Ankunft wohl bald einen gewissen Stadtteil auf, von dem sie wussten, dass sie dort ihren sexuellen Bedürfnissen Genüge tun konnten. Das geschah dann in den sogenannten Hurenhäusern (dän. horekroer = Hurenkrüge), bei denen es wohl kaum eine wirtschaftliche Flaute gab.

Viel ist in den Überlieferungen darüber nicht berichtet worden. In solchen obskuren Stadtteilen wurden ja nicht nur die Dirnen der Stadt besucht, da blühte auch oft das Verbrechen.

Und das stellt auch der Bischof und Professor an der Kopenhagener Universität Peder Palladius (1503–

1560) später fest, als er diesem Platz in seinem Visitationsbuch, das man 1866 als Manuskript in der Königlichen Bibliothek fand, einen – wie es ein dänischer Historiker ausdrückte – „düsteren Nachruf“ gab.

Dort steht zu lesen: „Ja, wie viele verloren wohl ihr Leben in Kopenhagen, als der Rosengarten noch existierte. Kaum wischt wohl der Scharfrichter sein Schwert in dieser Zeit so viel ab, wie er es in jener tat.“

Die Stadt Kopenhagen aber hatte zu Erichs Zeiten auch manches Positive, wenn man von der damals in vielen Städten oft beklemmenden Unsauberkeit absieht. Der König hatte oft darüber nachgedacht, wie er seine Stadt attraktiver machen könnte. Und da er ein Mann von Geist und guten wissenschaftlichen Kenntnissen war, wollte er natürlich endlich eine Universität in seiner Residenz haben. Dafür war der Papst zuständig. Er erteilte 1419 die Genehmigung, in Kopenhagen eine Universität zu stiften. Aber die Sache hatte einen Haken. Die Genehmigung enthielt einen Passus, in dem ausgedrückt wurde, dass Theologie dort nicht gelehrt werden dürfe. Erich, der sich zeit seines Lebens sehr dem Kirchlich-Religiösen verbunden fühlte, konnte darauf nicht eingehen. Und so wurde zu seinen Lebzeiten nichts aus einer Universitätsgründung, auf die er so sehr gehofft hatte.

Annie Lander Laszig
Königliches Kopenhagen – Ein genialer Christian IV.

Der Traum vom vereinten Norden

Als Christian IV. am 12. April 1577 als Sohn des dänischen Königs Frederik II. und dessen Gemahlin Sophie von Mecklenburg-Güstrow das Licht der Welt erblickte, zeigte sich die dänische Hauptstadt Kopenhagen noch in ihrer mittelalterlichen Gestalt. Das Königreich Dänemark bildete eine Großmacht, die seit der Kalmarer Union von 1397 mit Norwegen, Island, Grönland, den Färöer-Inseln und Schleswig-Holstein verbunden war (Schweden war 1523 aus der Union ausgetreten).

Als Christian IV. 1648 im Alter von 71 Jahren starb, hatten sich die Verhältnisse im Land gravierend geändert. Bei seiner Krönung 1596 hatte Dänemark noch zu den reichsten Monarchien Europas gezählt, nun war es durch zahlreiche Kriege völlig verarmt.

Über die Frage, ob Christian IV. ein fähiger Staatsmann war, streiten Historiker bis heute. Die Umstände, in die er hineingeboren wurde, begünstigten zumindest seine eigene persönliche Entwicklung. Als ältester Sohn und damit als Thronfolger erhielt Christian im mächtigen Dänemark eine hervorragende Erziehung. Neben der deutschen Sprache, die in der fast rein deutschen Königsfamilie eine Selbstverständlichkeit war, lernte Christian natürlich auch Dänisch. Man unterrichtete ihn in weiteren Sprachen sowie in Religion, Diplomatie, Erdkunde, Rechtswissenschaft, aber auch in der Musik und im Zeichnen und Malen.

Von Zeitgenossen wird er als gut aussehend, groß gewachsen und begabt beschrieben. Er war humorvoll, aber auch leicht aufbrausend und damit ein durchaus schwieriger Charakter. Er schien der Aufgabe als Herrscher des mächtigen Landes jedoch gewachsen zu sein. Ein französischer Diplomat schrieb einmal in einem Bericht über Christian IV., dieser sei sehr intelligent, lebhaft und unternehmungslustig: „Man sollte es kaum glauben und kaum für möglich halten, wenn man bedenkt, dass dieser Mensch in einem kalten und so schläfrigen Klima geboren ist, das in seinem dunklen und eisigen Lande herrscht."

1588 starb der Vater, Frederik II., und Christian IV., gerade mal elf Jahre alt, wurde zum König erklärt. Allerdings stand er noch bis zu seiner Volljährigkeit unter einer Vormundschaftsregierung und wurde erst acht Jahre später, 1596, zum König gesalbt und gekrönt. Die Zeremonie fand im Dom (Vor Frue Kirke) in Kopenhagen statt. Die Feierlichkeiten nahmen ein immenses Ausmaß an. Für die Gäste mussten 35 000 Trinkgläser herbeigeschafft werden, für 3000 Pferde galt es, Stellplätze zu finden. Ein riesiger Menschenumzug bahnte sich seinen Weg durch Kopenhagen – Fürsten, Reiter mit Standarten, Trompeter und Trommelspieler von nah und fern in farbenprächtigen Trachten mit ihren Bediensteten. Christian selbst war in weiße Seide mit Gold- und Silberstickereien gekleidet (die Krönungsreitkleidung ist noch heute im Schloss Rosenborg zu sehen). Zusammen mit dem Kanzler trug er die Insignien des Reiches, Schwert und Zepter. Die Festlichkeiten dauerten eine Woche und endeten mit einem gewaltigen Feuerwerk aus 60 000 Leuchtkörpern.

Als Herrscher war es Christians IV. vornehmste Pflicht, das Reich zusammenzuhalten, das zu dieser Zeit von Jütland bis in das südliche Schweden reichte. Dies sind die heutigen schwedischen Provinzen Schonen, Halland und Blekinge. Doch Dänemark war einst noch größer gewesen. Dass Schweden 1523 aus der

Kalmarer Union ausgebrochen war und Dänemark den Rücken gekehrt hatte, muss Christian IV. geschmerzt haben, denn der Traum eines geeinten Nordens – natürlich unter dänischer Herrschaft – ließ ihn sein Leben lang nicht los. Deshalb stand er immer wieder in kriegerischer Auseinandersetzung mit Schweden, etwa im Kalmar- und im Torstenssonkrieg. Aber natürlich trug auch der Dreißigjährige Krieg dazu bei, dass das Reich nach und nach verarmte.

An der Spitze seiner Heere nahm der König stets selbst am Kampfgeschehen teil, und sein Mut und seine Tapferkeit prägten das Bild des furchtlosen Kriegsherrn und Volkshelden. Auf der „Trefoldigheden" (Dreifaltigkeit), seinem Flaggschiff, riss ihm in der Seeschlacht vor der Kolberger Heide (zwischen der Kieler Förde und der Insel Fehmarn) ein Granatsplitter ein Auge aus. Doch der König verließ seinen Platz im Kampf nicht. Als nationales Symbol kamen seine Kleider und ein blutgetränktes Taschentuch ins Schloss Rosenborg. Seiner geliebten Vibeke Kruse vermachte er Ohrringe, bei denen zwei Metallsplitter in emaillierte Hände eingefasst waren. Die Nationalhymne „Kong Christian stod ved højen mast" („König Christian stand am hohen Mast") besingt dieses Pflichtbewusstsein bis heute. Auch dieser Krieg endete für das dänische Königreich fatal und Dänemark musste erneut Gebiete an Schweden abgeben. Eine weitere Demütigung erlebte er ein Jahr vor seinem Tod: Durch die prekäre finanzielle Lage, in die er sich durch all die kriegerischen Auseinandersetzungen selbst hineinmanövriert hatte, war er gezwungen, seine wertvolle Krone an einen reichen Kaufmann in Hamburg zu verpfänden.

Der königliche Stadterneuerer

Heutzutage verdanken wir den wirtschaftlich gut gestellten Unternehmen oder dem Staat innovative Neubauten. Früher waren es die Kirche und die Könige, die ihre Macht in ihren Bauwerken demonstrierten und die ihre Ideen hier verwirklichten.

Christian IV. hat wie kein anderer König dem Stadtbild Kopenhagens seinen Stempel aufgedrückt. Zu Beginn seiner Regierungszeit war die mittelalterlich geprägte Stadt von engen Gassen durchzogen und die dunkle Königsburg wurde ihm bald zu klein. Er plante schon früh eine große Erweiterung seiner Residenzstadt. Vor der Nordostseite der Altstadt wurde 1606 ein Park angelegt, der heute noch den Namen „Kongens Have“ (Königsgarten) trägt und der beliebteste Park der Kopenhagener ist. Hier ließ Christian IV. im gleichen Jahr ein Lusthaus errichten, das später in mehreren Etappen zum Schloss Rosenborg erweitert wurde. Es dauerte 27 Jahre, bis das Schloss vollendet war. Der König hatte dabei fantastische Ideen. Er liebte die Musik und ließ berühmte europäische Musiker nach Kopenhagen kommen. Für sie ließ er im Keller des Schlosses einen Raum bauen, in dem sie ungestört spielen konnten. Die Klänge wurden durch ein Schachtsystem in den Speisesaal geleitet. Die Gäste waren nicht wenig erstaunt. Anfang der 1990er-Jahre hörte die britische Schriftstellerin Rose Tremain zum ersten Mal diese Geschichte bei einem Besuch in der dänischen Hauptstadt. Ihr Roman „Melodie der Stille“, der im Schloss Rosenborg spielt, knüpft an diese Besonderheit an.

Eine weitere innovative Einrichtung war der im wahrsten Sinne des Wortes „fahrende Stuhl“, heute würden wir Fahrstuhl sagen, den Christian IV. im Schloss Rosenborg einbauen ließ.

Noch bis 1710 wurde das als wehrhafte Festung mit Ringgraben und Zugbrücke gestaltete Schloss Rosenborg als königliche Residenz genutzt. Heute ist das Ensemble als Museum für die Sammlungen der dänischen Könige geöffnet. In der Schatzkammer, die sich seit 1975 in den umgestalteten Kellerräumen befindet, ist auch die Krone Christians IV. aus Gold, Emaille,

Diamanten und Perlen zu bestaunen (sein Nachfolger hatte die Krone nach dem Tod Christians IV. wieder eingelöst). Die Figuren auf den Zacken zeigen die Tugenden des guten Herrschers: Caritas, Fortitudo, Justitia und einen Pelikan als Sinnbild des Opfertodes Christi.

Auf das erweiterte Stadtareal kam eine neue Kaufmannsstadt, Christianshavn, die durch eine Brücke mit Kopenhagen verbunden wurde. Dieses „Ny Amsterdam", wie der Stadtteil genannt wurde, war und ist in Anlehnung an sein berühmtes Vorbild von zahlreichen Kanälen durchzogen. Auch die Börse, die er bauen ließ, konnte man direkt per Schiff anlaufen. Sie wurde mit einem Turm von verschlungenen Drachenschwänzen geziert – ebenfalls eine Idee Christians!

Die Bautätigkeit des beliebtesten dänischen Königs prägt die Stadt bis heute und macht ihren besonderen Charme aus. Ihm ist es zu verdanken, dass die Stadt eine Reihe berühmter Bauwerke besitzt, die die Hauptstadteinwohner wie auch ihre Besucher auf die gleiche Weise erfreuen und Kopenhagen sein ganz spezielles Flair geben: das Zeughaus und das Provianthaus mit dem dazwischen liegenden Hafen für seine Kriegsflotte, die Reihenhäuser von Nyboder für die Marinesoldaten, die Marinekirche Holmens Kirke und die Trinitatiskirche für die Studenten mit dem Runden Turm. Dieser Runde Turm ist wohl das eigentümlichste Bauwerk Kopenhagens, sozusagen ein Mehrzweckturm: Er diente nicht nur als Kirchturm der Studentenkirche und als Sternwarte für die Astronomen der Universität, sondern auch noch als Aussichtsplattform sowie als Zugang zur Universitätsbibliothek, die der König auf dem Dach der Trinitatiskirche einrichten ließ. Und er inspirierte offensichtlich Hans Christian Andersen, der in seinem Märchen „Der standhafte Zinnsoldat" schrieb, dass die Augen des letzten Hundes auf der Geldkiste „so groß wie der Runde Turm" waren.

Um auf den Turm zu gelangen, brauchte man keine Treppen zu steigen. Eine gewundene Rampe führte die 35 Meter hinauf zur Aussichtsplattform, von der aus der König seinen Untertanen einen wunderbaren Blick über Kopenhagen gab. Ein genialer König – voller neuer Ideen.

Christian IV. versuchte in seinen Bauten vieles zu berücksichtigen. Bestes Beispiel dafür sind sicher die Reihenhäuser von Nyboder, dem Stadtviertel, das eigens für die Seeleute errichtet wurde. Die Gebäude sollten sich nicht nur im Repräsentativen erschöpfen, sondern auch eine Funktion haben. Diese Funktionen lassen sich übrigens meist auch heute noch ablesen, und genau das macht für viele Besucher Kopenhagens den Charme der Stadt aus.

Der Schaffensdrang des Königs war immens. Aber nicht nur neue Gebäude, auch die allgemeine Stadtverschönerung war für ihn ein wichtiges Thema. Ein Beispiel hierfür ist der Brunnen auf dem „Gammel Torv“ (Alter Markt), der heute Caritas-Springbrunnen genannt wird. Er stellt die üppige Frau Caritas (die Nächstenliebe) mit großen Brüsten dar, aus denen Wasser sprudelt. Der Größte ihrer Söhne ist genau wie in Brüssel ein Manneken Pis. Man braucht also nicht nach Brüssel zu reisen, um einen derartigen Burschen besichtigen zu können. An königlichen Festtagen werden vergoldete Äpfel auf den Springbrunnen aufgesetzt, die auf den Wasserstrahlen aufsteigen.

Über Seeland und das übrige Dänemark verteilt ließ Christian IV. Schlösser errichten und umbauen. Zu ihnen gehören auf der Insel Seeland die beliebten Schlösser Frederiksborg in Hillerød und Kronborg in Helsingør, die leicht von Kopenhagen aus zu erreichen sind. Zudem gehen diverse Stadtgründungen auf seine Initiative zurück. Kristianstad in Schweden und Glückstadt in Holstein wie auch Christiania (heute Oslo) haben ihm ihre Entstehung zu verdanken. Die Baumeister, die Christians Ideen ausführten, stammten vielfach aus Holland, so auch der berühmte Hans van Steenwinckel der Jüngere, ein typischer Vertreter der Renaissance-Baukunst. Die Gebäude, die Christian IV. beauftragte, bildeten eine Mischung aus Monumentalität und Intimität. Typisch ist der rote Backstein, meist abgesetzt mit einem grauen Sandstein. Repräsentativ für den Baustil während der Regierungszeit dieses Königs sind zudem die steilen, schön geschwungenen Giebel und die Sandsteineinfassungen der Fenster und Türen sowie die Ziergiebel mit schlanken Proportionen. Wie durch ein Wunder blieben Christians Bauwerke durch all die Jahrhunderte erhalten. Selbst der große Stadtbrand von 1728 sowie das Bombardement der Engländer bei der Belagerung am 2. September 1807 schadeten „seinen" Gebäuden nicht. Selbst der Zweite Weltkrieg hinterließ im Stadtbereich Kopenhagens kaum Spuren.

Trotz der vielen ruinösen kriegerischen Auseinandersetzungen während der Regierungszeit König Christians IV. nahm er starken Anteil am religiösen Leben seiner Untertanen. So wurde die Ankerschmiede, die sein Vater, Frederik II., am Hafen hatte errichten lassen, in eine Marinekirche umgebaut (Holmens Kirke). Auch legte Christian großen Wert darauf, dass die Predigten der Pastoren angehört wurden. Eine heute eher amüsante Anekdote berichtet, dass der König drei Jahre vor seinem Tod anordnete, dass Kirchendiener angestellt werden sollten, um während der Predigt mit langen Stöcken auf die Köpfe der eingeschlafenen Zuhörer zu schlagen. Ganz in seiner Zeit verankert, glaubte natürlich auch König Christian IV. an Hexen und ähnliche Gestalten, sodass 1617 ein Gesetz gegen Kobolde und Mitwisser erlassen wurde.

Der Monarch vereinte in sich viele Qualitäten und Funktionen. Er war Stadtplaner, Bauherr, Kriegsherr und Flottenkommandant und kümmerte sich außerdem um die soziale Fürsorge seiner Bürger. Daneben war er als liebevoller Vater bekannt, denn er hatte immerhin 26 Kinder zu versorgen, die von mehreren Müttern stammten. Er war Reformator des Ausbildungswesens, gründete Handelskompanien, erwarb Kolonien, so Tranquebar, heute Tharangambadi, in Indien, drei westindische Inseln und die Goldküste im heutigen Ghana. Außerdem rüstete er Expeditionen in nördliche und bislang unerforschte Gebiete aus. Und er war ein leidenschaftlicher Briefeschreiber. Über 350 Jahre nach seiner Regierungszeit befinden sich noch etwa 3000 Briefe, die er eigenhändig verfasst hat, in der Königlichen Bibliothek. Darin sind so nette Geschichten zu lesen wie diese von 1642: Ihn bekümmerte die Sterblichkeit der Hühner am Kopenhagener Stadtschloss. Er schrieb deshalb seinem Finanzminister: „Du sollst sofort ein Hühnerhaus bauen lassen in dem Schweinegarten an der Waschküche und am Hundehaus. Dann können die Hühner sich nachts dort aufhalten und am Tage auf dem Misthaufen kratzen."

Der König schlief nach 52 Regierungsjahren ruhig in seinem geliebten Schloss Rosenborg ein und wurde im Dom zu Roskilde in einer von ihm selbst gestalteten Prachtkapelle beigesetzt.

Der königliche Stadterneuerer ist nach wie vor beim dänischen Volk sehr beliebt und wird einfach „Christian Firtal" – Christian Vierzahl – genannt.

Hans Christian Andersen

Der Runde Turm

Jeder Kopenhagener kennt den Runden Turm und die Leute in der Provinz kennen ihn wenigstens aus dem Kalender, auf dem er als Holzschnitt das Titelblatt ziert. Man weiß, dass König Christian IV., dem Ewald und Hartmann das Gold des Liedes zu seiner Reise in die Unsterblichkeit mitgegeben haben, den Runden Turm als Sternwarte für Dänemarks berühmtesten Mann, Tycho Brahe, gebaut hat. Für Tycho Brahe, der das Land hatte verlassen müssen, als der König noch minderjährig gewesen war.

In dem Turm gibt es keine Treppe mit Absätzen, man gelangt hinauf über einen Wendelgang, so glatt und eben, dass Zar Peter von Russland einst mit einem Vierspänner hinaufgefahren sein soll. Oben angekommen, soll er einem Diener befohlen haben sich hinabzustürzen, und dieser hätte gehorcht, wenn er nicht vom Dänenkönig daran gehindert worden wäre. „Wären deine Leute auch so gehorsam?", fragte der Zar. „Ich würde einen solchen Befehl nicht geben", antwortete der König. „Aber ich weiß von jedem meiner Diener, selbst dem geringsten, dass ich meinen Kopf in seinen Schoß legen und ruhig schlafen könnte."

So geht die Sage, und für den Dänen ist sie sehr schmeichelhaft. Für den kleinen Sohn des Pförtners dort oben handelte es sich natürlich um eine wahre Begebenheit. Durch seine genaue Kenntnis der Örtlichkeit wusste er jedoch, dass der Zar nicht bis ganz oben ans Geländer gefahren sein konnte, sondern vor der Tür seiner Eltern aus dem Wagen gestiegen sein musste, weil von dort eine Treppe mit mehreren Absätzen hinaufführte.

Es gibt gewiss wenige Orte in Kopenhagen, die den Gedanken und der Fantasie so viel zu bieten haben wie der Runde Turm – und ganz besonders, wenn man da oben geboren ist, wie zufällig Niels.

Mitten in der geschäftigen Stadt, in der viel befahrenen, engen Gasse, die zur Kirche hinaufführt, erhebt sich der alte Turm mit seinen offenen Fensterbögen, durch die der Wind pfeift und hinter denen sich im Winter Schneewehen auf dem Steinboden bilden. Orgeltöne und Psalmgesänge, die unten über den Gräbern von Wessel und Ewald erklingen, dringen mit Macht herauf.

Durch den Runden Turm gelangt man in die Universitätsbibliothek, die sich wie ein großer Saal über den Gewölben der Kirche erstreckt und deren Regale kreuz und quer verlaufende Straßen bilden. Ganz hinten, ungefähr an der Stelle, wo unten in der Kirche der Altar steht, befand sich zu jener Zeit das altnordische Museum. Hier wurden tausend Jahre alte Steinkeile, Aschekrüge und Schwerter aufbewahrt. Das klingt jetzt wie ein Beitrag zur Beschreibung Kopenhagens, aber in der Erinnerung dessen, der einmal der kleine Niels genannt wurde, der Sohn des Poul vom Turme, klang es noch in Mannesjahren wie ein schönes Lied aus der Kindheit. Wir erfassen nur die einfachen Worte, er aber vernahm die Melodien.

Aus der gegenüberliegenden Regenz, der Kaserne der Studenten, klang an sternenhellen Abenden und im klaren Mondschein der Gesang der jungen „Herren im Reich des Geistes“ herüber. So frisch, so beschwingt erhob er sich zu der Pförtnerwohnung oben auf dem Turm, dass man, wenn die Fenster offen standen, jedes Wort verstehen und mitsingen konnte. Oft saß Niels da und lauschte; es war so vergnüglich. Unter ihm lag die quirlige Stadt wie im Traum. An den dunklen

Abenden wirkten die von Laternen beleuchteten Straßen wie Nebelstreifen. Hier und da blinkte ein Licht aus einer Dachkammer. Er sah es auch durch das Glas seiner Gedanken und versuchte, sich die Stadt in vergangenen Zeiten vorzustellen: als sie nur ein Fischerdorf war, als sie zu einem Handelsplatz wurde, zu einem „Kaufmannshafen", und zur Königsstadt heranwuchs, so wie er es gelesen hatte.

In vielen stürmischen Nächten lag er wach in seinem Bett und hörte, wie sonderbar der Wind durch die scheibenlosen Fensteröffnungen brauste und pfiff. Es war, als wollte er den alten Turm in die Höhe heben. Dass der Sturm Macht und Stärke entfalten konnte, hatte Niels bereits erfahren, als er einmal mit seinem Vater bei ebensolchem Wetter heraufgestiegen war. Das Laternenlicht tanzte längs der Mauer über die aufgestellten Runensteine und Sarkophage hinweg; unwillkürlich schärfte sich der Blick, man wurde hellhörig. Dann blies der Sturm das Licht aus und drückte Vater und Sohn mit plötzlicher Wucht gegen die Wand, während es über und unter ihnen sauste, brauste und heulte. Es war ein Windstoß, den man körperlich fühlen konnte. Sie mussten sich ihm beugen und spürten, dass der Turm dasselbe tat!

Die Kindheit hier oben war eine ganz eigene Zeit der Träume gewesen. Wenn Niels später eine Biene um eine Blüte kreisen sah, ganz oben an der Spitze eines schlanken Rosenstocks, dann dachte er an seine Kinderzeit im Runden Turm. Dort oben hatte er seine Tage wie eine Biene im Genuss träumend verbracht, dort hatte er dasselbe Spiel gespielt, dieselbe Lust empfunden, von der wir in Tiecks Geschichte *Die Elfen* lesen, wo diese mit der kleinen Marie Obstkerne in die Erde legen und zwei schlanke Bäume emporschießen, in deren Wipfeln sich die Kleinen schaukeln und in die Welt hinausblicken konnten. Auch er hatte sich oben im Turm auf seinen Gedanken geschaukelt; der Turm war sein Zauberbaum gewesen, der hoch über Stadt und Land hinausragte.

Auch das Schauerliche fand hier, wo er aufwuchs, eine Repräsentantin, und das war keine andere als die sonst höchst respektable Mutter Børre, die alte Obstfrau. Wir haben schon erwähnt, dass sie am Eingang des Turmes ihren Platz hatte, wo sie Früchte und die bei den Kindern so beliebten Zuckerschweinchen für einen Schilling das Stück verkaufte, billige, leckere und immer rosarote Süßigkeiten. Sommer wie Winter saß sie da; nur in der kältesten Zeit hatte sie eine Feuerkieke dabei. Manchen verdorbenen Apfel, manches zerbrochene Ferkel hatte sie Niels geschenkt, doch seit er über die ersten Kinderjahre hinausgekommen war, aß er nichts mehr, was sie berührt hatte. Nein, er warf alles weit von sich und war nicht einmal dazu zu bewegen, ihr die Hand zu geben. Es schauderte ihn, wenn sie ihm übers Haar strich – und warum? Weil er von seinen Eltern gehört hatte, dass sie ihr Skelett bei lebendigem Leibe einem Doktor vom Hospital vermacht habe. Das war das Gruselige: dass sie schon zu Lebzeiten als Leiche verkauft war. Es war eine Art Vertrag, wenn auch nicht mit dem Teufel, so doch mit dem Tod. Dafür erhielt sie eine jährliche Pension von zwei Reichstalern. Einmal, als diese gerade ausbezahlt worden war, lieh sich die Pförtnerfrau einen Taler. Niels sollte ihn wechseln gehen, und es schien ihm, als trüge er Blutgeld in der Hand.

Sauber und nett war es in der kleinen Kammer der Pförtnerleute oben an der Sternwarte. Tagsüber hatte Vater Poul ja viele Gänge durch die Stadt zu machen, aber am Abend blieb er gern daheim bei Frau und Sohn und las laut von den alten Zeiten in Dänemark. Oft waren prächtige Bilder in den Büchern, sodass man alles sehen konnte, wie es früher gewesen war. Er durfte diese Bände aus der Universitätsbibliothek leihen; dort wusste man, dass er behutsam und ordentlich mit ihnen umging.

Die eigene Büchersammlung der Familie bestand nur aus zwei Bänden, der Bibel der Mutter und dem alten Märchenbuch *Tausendundeine Nacht*, das Niels gehörte. Er hatte es von seinem Paten, Herrn Svane, geschenkt bekommen. Beide Bücher wurden ständig gelesen und Niels kannte sie in- und auswendig. Die Bibel und das Märchenbuch, so verschieden sie im Inhalt waren, galten der Kinderseele doch gleichermaßen als Bücher der Wahrheit. Ein Schriftsteller, wir glauben Humboldt, sagt, dass Träume Gedanken sind, die man im wachen Zustand nicht zu Ende gedacht hat und die sich nun im Schlaf lösen. Deshalb träumt man nie, was man am liebsten will oder woran man am intensivsten denkt. Wie sehr sich Niels in Gedanken oder Wünschen in die Rolle des Aladin versetzt hatte, können wir nicht sagen, aber ein Traum seiner Kindheit wurde für sein reiferes Alter bedeutungsvoll. Er träumte nämlich eines Nachts, dass er wie Aladin in die Höhle hinabstieg, wo Tausende von Schätzen und schimmernden Früchten ihn fast blendeten. Aber er fand und erhielt die Wunderlampe, und als er mit ihr nach Hause kam, da war es – die alte Bibel seiner Mutter.

Wie bedeutungsvoll wurde dieser Traum mit der Zeit! Das Kind kann träumen, was der Ältere erst nach den Kämpfen des Lebens – nicht zu greifen, sondern nur zu schauen vermag.

Der ferne Orient, wo *Tausendundeine Nacht* herstammt, und der Boden, wo die heiligen Geschichten der Bibel ihr Leben gehabt hatten, waren für ihn ein und dasselbe Stück Welt; Damaskus und Jerusalem, Persien und das steinige Arabien waren für ihn ein und dasselbe vertraute und heimliche Reich, das mit Dänemark, wo er lebte, die ganze Welt bildete. Andere Reiche und Länder wurden wohl ab und an in seiner Gegenwart erwähnt, doch sie waren ihm fremd und schienen ihm ferner als Sonne und Mond – denn die konnte er wenigstens sehen. Es gab sogar eine Zeit, da glaubte er, die dunklen Flecke auf dem Mond wären ein Mann, der Kohlen gestohlen hatte und zur Strafe dort oben saß, damit ihn alle Menschen sehen konnten. Das war eine schreckliche Strafe!

„Das ist kein Kohlendieb“, sagte Herr Svane. „Das ist ein kleiner Kobold, der in einem Glasballon herumfliegt und den Leuten zuschaut, wenn sie schlafen. Nimm dich in Acht vor diesem Luftschiffer; er fliegt rund um die Welt und lacht uns alle aus!“

Diese Erklärung machte einen tiefen Eindruck auf Niels, und er erzählte sie weiter, auch dem Studenten, der dem astronomischen Professor bei den Instrumenten half.

„Das ist ja ein gefährlicher Aberglaube! Was für eine Unwissenheit bei einem, der so nahe an der Kopenhagener Sternwarte wohnt!“, rief der Student und ließ ihn durch eines der großen Fernrohre schauen. Und der Mond zeigte sich als eine riesengroße Kugel mit Landkartenzeichnungen darauf. Der Student ließ ihn auch die Sonnenflecken beobachten, und es schien Niels, als würden sie sich erweitern und zusammenziehen. Und nun hörte er, dass Sonne wie Mond, ja jeder einzelne Stern ein ganzer Erdball sei. Es war, als lausche er einem Märchen. Einen wirklich klaren Begriff bekam er zwar nicht, aber seine Fantasie schweifte hinaus in den unendlichen Weltraum. Er bevölkerte jeden einzelnen Stern mit Menschen und überlegte, ob sie wohl dort oben mit ihren Fernrohren Kopenhagen und den Runden Turm sehen konnten, wo er wohnte.

Oft wünschte er sich nun, wie die Schwalben fliegen zu können, die pfeilschnell an seinem Fenster vorbei in den Turm hineinschossen, wo sie hin- und herflatterten und wieder davonjagten: So müsste er den blinkenden Stern erreichen können. „Du brauchst aber ein paar hundert Jahre bis dort hinauf“, hatte der Student gesagt, und die Worte waren so fest in seine Gedanken gewachsen, dass er tatsächlich eines Nachts träumte, er erhöbe sich so schnell und leicht wie die Schwalbe von der Erde, die kleiner und kleiner wurde. Doch der Stern, dem er entgegenflog, wurde nicht größer. Er war weit draußen in dem unendlichen Raum; und wieder vernahm er die Stimme des Studenten:

„Du brauchst ein paar hundert Jahre dort hinauf!" Doch dahin wollte er, musste er, und er flog, wurde gleichsam von der Luft getragen – und immer klarer leuchtete der Stern, doch er kam ihm nicht näher. Und er erwachte mitten im Flug, weit vom Ziel entfernt.

Der Vater hatte laut aus einem Buch vorgelesen, einer alten dänischen Übersetzung von *Der hinkende Teufel.* In diesem Märchen kam der Leibhaftige zu einem Studenten, der oben über der Stadt wohnte, fast wie sie selbst im Runden Turm. Nachts hob der Teufel die Dächer an und ließ den Studenten alles sehen, was darunter vor sich ging. Die Fantasie machte dasselbe Experiment mit Niels. Doch was er sah, waren nicht allein gedeckte Tische, Gesellschaften, die sich um Braten und Kuchen versammelt hatten, oder die Herrlichkeit des Weihnachtsabends mit leuchtenden Christbäumen. So einen bekam er selbst jedes Jahr, aber nur einen kleinen. Er stand in einem Blumentopf und war mit Garn und echten Äpfeln behangen. An der Spitze leuchtete ein Goldstern, der an den Geburtsstern Jesu erinnern sollte. Aber gerade am Heiligen Abend, als er gegessen hatte und zuhören wollte, wie der Vater eine Geschichte las, stieß die Mutter einen Seufzer aus und blieb ganz starr sitzen, als wäre sie tot. Der Vater lief, um den Arzt zu holen, ein Aderlass wurde vorgenommen, die Mutter öffnete ihre Augen, doch von diesem Moment an waren alle ihre Glieder gelähmt. Es war ein Hirnschlag; nur in ihren Augen zeigte sich noch Leben. Wenn sie das Bett überhaupt einmal verließ, musste sie getragen werden. So vergingen fünf schwere, lange Monate.

Noch immer wurde abends laut aus der Bibel vorgelesen, und man sah an den Augen der Mutter, dass sie verstand. Oft war gesagt worden, dass die Bibel Gottes Wort sei, und deshalb nahm Niels eines Abends in frommem und kindlichem Glauben das Buch und berührte damit den stummen Mund seiner Mutter. Sein Gedanke dabei war, dass die Bibel, Gottes Mund, die Lippen seiner Mutter wie in einem Kuss berühren sollte. Es war, als hätte ihn die Kranke verstanden: Nie sollte Niels den Ausdruck vergessen, der aus ihren Augen leuchtete; in ihnen lag die einzige Verbindung ihrer Seele zur Umwelt.

Ende Mai starb sie. Für Niels war es der erste große Verlust, der erste Riss in dem schönen Bilderbuch des Lebens – aber der Vater lebte ja noch und das Zuhause blieb ihm. Doch eine Hälfte der Welt war verschwunden.

Sie trugen den Sarg der Mutter den Turm hinab. Auf der Straße wartete der Leichenwagen der Armen; zu Fuß folgten Mann und Sohn auf dem langen Weg durch das Nordtor zum Friedhof. Die Sonne schien, die Bäume zeigten das erste zarte Grün und in den Seen, an denen sie vorbeikamen, spiegelte sich der blaue Himmel. Niels war nie zuvor außerhalb der Wälle Kopenhagens gewesen; er kannte die Vorstädte, die Felder, Wiesen und Wälder nur aus der Perspektive des Turmes. An diesem frischen, herrlichen Frühlingstag kam er zum ersten Mal ins Grüne und lernte Blumen und Bäume aus der Nähe kennen – ausgerechnet am Grab seiner Mutter.

Man erzählt von einer englischen Familie, die auf der Reise mit dem Dampfschiff nach Petersburg für einige Stunden in Kopenhagen an Land ging, einen Wagen bestieg und dem Kutscher zurief: „Fahr uns da hin, wo es etwas Schönes zu sehen gibt!“ Aber das Schönste, was der Kutscher kannte, waren nicht Galerien oder Museen; nein, es war der Assistens-Friedhof. Dorthin kutschierte er die Engländer, und sie sollen so begeistert gewesen sein, dass sie gelobten wiederzukommen, um sich hier begraben zu lassen, denn es sei der schönste Ort der Welt! So hat es zumindest der Kutscher erzählt, und Niels war derselben Meinung wie dieser und die ganze englische Familie: Es war der schönste Platz auf der Welt! Er wünschte, mit seinem Vater hierbleiben zu können, unter den herrlichen Bäumen, in denen die Vögel sangen, wo Bilder an den

Mauern prangten, wo die Gräber mit Monumenten, Blumen und Kränzen geschmückt waren. Hier war es so festlich, so anmutig, und doch weinte er, weil sein Vater weinte. Und über den Sarg der Mutter warfen sie die schwarze, schwere Erde.

Langsam gingen sie wieder nach Hause in den alten Turm. Niels war nun alles für den Vater. Er hatte den Platz der Mutter im Herzen des Mannes eingenommen; das begriff er. Weniger leicht ist zu begreifen, dass ein Kind – bei aller Liebe, die es empfangen hat – seine Mutter so schnell vergisst. Und doch ist es so. Auch Niels vergaß seinen Kummer, vergaß fast die Mutter, und in den ersten drei darauffolgenden Jahren hatte das Leben für ihn keine größeren Schattenseiten. Nur eine – Hunde!

War er auch sonst ein lebendiger, manchmal aufbrausender Charakter, gab es doch eine feige Seite an ihm: Er hatte eine angeborene Angst vor Hunden! Das war sein großes Problem – dass diese Kreaturen überhaupt existierten. Wenn ein Hund nur an ihm schnüffelte, fuhr ihm ein Schock durch die Glieder, und man wird begreifen, welche Qualen es ihm bereitete, durch die Straßen seiner Heimatstadt zu gehen, die selbst im Ausland – und zu Recht – für ihre unglaublichen Hundemeuten bekannt war. Reisende haben darüber geschrieben und behauptet, dass Kopenhagen in dieser Beziehung sogar Konstantinopel übertreffe, das für seine Scharen herrenloser Köter bekannt ist. „In Kopenhagen sind sie nicht herrenlos!“, sagte Herr Svane, und wir wollen nun hören, was er bei guter Laune über den tierischen Trieb der Hauptstadt zu erzählen pflegte:

„Hier sind die Hunde nicht herrenlos, hier gibt es keine vagabundierenden Meuten! Nein, jedes Tier hat ein Zuhause, denn jeder Herr, jeder Knabe und jede Dame hat einen Hund. Am schlimmsten ist es im Hafen. Dort, auf den Obstkähnen und Frachtschiffen, bellen und jaulen sie in die Nacht hinaus. Gnade Gott dem, der in dieser Straße einen leichten Schlaf hat, denn mit der Ruhe ist es bald vorbei. Wird ein Hund ausgesperrt, so bellt er mit oder heult wie ein neues Tau auf einer alten Winde, wenn schwere Lasten emporgezogen werden. Das hört wieder ein anderer nachtschwärmender Hund und antwortet. So entsteht ein Duett, Terzett und so weiter, und es kommt erst zum Finale, wenn die Nacht vergeht und der neue Tag anbricht. Und dann hat man das ganze Schauspiel: Vier, fünf Hunde stehen herum und versperren dir Tür und Tor, zwei liegen in der Sonne und blockieren den Gehweg, ein bissiger Köter schießt quer über die Straße und rennt ehrbare Leute fast über den Haufen, der Spitz der Madame bellt aus dem offenen Fenster heraus, eine kleine Promenadenmischung kläfft sich vor der Haustür heiser, der Mops wackelt eklig und fett herbei, wie ein Aas, das man aus dem Wasser zieht; wenn man ihn ansieht, steigt es einem hoch. Dazu kommen Hunde, die dazu geboren sind, an der Kette zu liegen, Hunde für ledige Jungfrauen, Hunde mit Dressur und Hunde im reinen Naturzustand. Und Hunde gibt es nicht nur auf der Straße, sondern auch in den Höfen und Stuben, oft auf den Sofas, manchmal sogar in den Betten und auf den Tischen. Eine richtig große Bestie, ohne jedes Eau de Cologne, mitten in der Wohnung, von der ganzen Familie als vollwertiges Mitglied derselben geherzt und geküsst – das ist keine Übertreibung. Aber ich finde, man treibt es zu weit mit den Hunden!"

So sprach Herr Svane. Jetzt endlich war der kleine Niels die Plage los und all den Kötern entronnen. Aber er ließ auch Kopenhagen und sein Heim im Runden Turm hinter sich. Nun, der Turm würde noch unverändert schwer und grau dastehen, wenn er, vielleicht nach Jahren, wieder in die Stadt kommen sollte. Doch Niels wäre älter und in vielem verändert.

Seine Kleider wurden in einen kleinen, stabilen, hölzernen Koffer gelegt. Die alte Bibel und *Tausendundeine Nacht* folgten – das war die ganze Bibliothek vom Runden Turm – und dann ging die Reise nach Jütland.

Reinhard Laszig
Wo Struensee seinen Kopf verlor

„Verlasse Dich auf Fürsten nicht!
Sie sind wie eine Wiege,
Wer heute Hosianna spricht,
Ruft morgen Cruzifige!"
Altes Wiegenlied

Mit schmerzverzerrtem Gesicht bestieg der Freiherr von Berkenthin sein Pferd, denn ihm hatte dieser junge Physikus aus Altona mit Namen Dr. Johann Friedrich Struensee bei seinen Nierenkoliken eine Trink- und Reitkur verordnet. Berühmt war dieser junge Arzt schon für seine absonderlichen Therapien. Salbte er doch krätzekranke Waisenkinder gegen die geltende Humorallehre (Säftelehre) mit Schwefelsalben ein, ordnete er die Lüftung der Zimmer im Winter an, impfte er die ihm anvertrauten Waisenkinder von Altona gegen Pocken – und das alles mit Erfolg.

Also quälte sich von Berkenthin mit seinem Pferd durch Äcker und Wiesen, gebar bald darauf einen Nierenstein. Vorbei die Qualen, ein Loblied auf den Arzt.

Der, der solche Reittherapien mit Erfolg durchführte, konnte auch für den Landesherrn, den dänischen König, von Nutzen sein. Und so kam es, dass nicht nur von Berkenthin, sondern auch andere erfolgreich behandelte Adelige und nicht zuletzt der Großvater Struensees, ehemaliger königlicher Leibarzt, ihn bei Hofe als Reisearzt für König Christian VII. von Dänemark vorschlugen.

Dieser war 1768 auf einer Reise zu seinem Schwager Georg III. von England, als er in Altona erkrankte. So ein junger ideenvoller Arzt, der sich nicht scheute, gegen alte und berühmte, mit zweifelhaften Mitteln reich gewordene Standesvertreter aufzubegehren, war offenbar der richtige Mensch und Behandler an der Seite des doch augenscheinlich psychisch kranken Königs. Struensee hielt sich an die Lehren von Professor Friedrich Hoffmann aus der Universitätsstadt Halle an der Saale, der der Ansicht war, „dass die Medizin zuförderst eine praktische Wissenschaft sei, die nicht in leeren Spekulationen besteht".

Wichtig war den fortschrittlichen Medizinern dieser Zeit, ihre Erkenntnisse in der Praxis überprüfen zu können, ohne darauf zu achten, ob diese einer philosophischen Lehre zuzuordnen seien. Die Hauptsache war, dass die Therapie half.

Die Therapieerfolge Johann Friedrich Struensees machten im damaligen Altona sowie in Schleswig-Holstein und im ganzen dänischen Reich die Runde, man sprach von ihm als einem „sehr geschickten und billigen Arzt", und er forschte auch im tiermedizinischen Bereich. Struensee beschrieb als Erster die Maul- und Klauenseuche als eigenständige Erkrankung und machte sich Gedanken zu einer eventuellen Impfung. Erst über einhundert Jahre später wurden durch Robert Koch und durch Louis Pasteur Bakterien entdeckt, die die Idee Struensees von der Übertragbarkeit von Erkrankungen bestätigten.

Da zu den Patienten, denen Struensee in schwerer Not geholfen hatte, auch immer mehr Mitglieder des Holsteiner Adels gehörten, ist es also nicht verwunderlich, dass sie ihn 1768 König Christian VII. empfahlen. Johann Friedrich Struensee wurde zum Reisearzt des dänischen Königs. Mit scharfem Sinn eines guten Diagnostikers beobachtete Struensee schon während der Reise nach England König Christian VII., um aus Symptomen und Verhaltensweisen Schlüsse zu ziehen. Nach

Meinung von Zeitgenossen litt der König unter geistiger Verwirrung oder wie es nebulös hieß „psychischer Erkrankung". Aus heutiger Sicht vermutet man, so ist es bei Prof. Dr. Stefan Winkle in seiner Biografie von 1983 zu lesen, dass der König unter einer Form von Schizophrenie litt. Natürlich gab es zu dieser Zeit noch keine Psychiatrie im modernen Sinne und eine Differenzierung der Geisteskrankheiten war erst viel später möglich. Doch Struensee tat das Richtige. Mit dem sicheren Instinkt und seiner medizinischen Erfahrung packte er den jungen König an seinem Ehrgeiz und versuchte, in ihm das Interesse für die Staatsgeschäfte zu wecken, die Christian VII. bislang seinem Kabinett überlassen hatte. So wendete er die bereits in Altona erfolgreich durchgeführte Beschäftigungstherapie bei Geistes- und Gemütskranken an, die tatsächlich das Selbstwertgefühl des Königs festigte. Obwohl er voller Zweifel war, nahm Struensee 1769 dann das Angebot aus Kopenhagen an, zum Leibarzt des Königs zu werden. Nach einer schweren Pockenepidemie impfte Struensee auf Wunsch der Königin Caroline Mathilde ihren abgöttisch geliebten zweijährigen Sohn, den späteren König Frederik VI. Diese Impfung verlief komplikationslos und Struensee wurde mit Ehrungen und Beförderungen überhäuft, wodurch er in kürzester Zeit die Machtbefugnisse erhielt, den Staat nach aufklärerischen Prinzipien zu reformieren. Der König gab Struensee freie Hand, weil er ihn „für einen großen Mann" hielt. Das rief natürlich die Gegner solcher Reformen sofort auf den Plan . Doch nicht seine etwa 1700 bis 1800 Kabinettsordern haben in der Nachwelt ihren Niederschlag gefunden, sondern die von seinen Gegnern konstruierte und hochgespielte Liaison mit der Königin. Struensee fühlte sich nicht nur als Arzt, der den Körper als einzelnes Individuum behandelt sollte, sondern als einer, der den ganzen Staatskörper zu behandeln hatte. So versuchte er, die Machtbefugnisse des Königs nach außen hin zu erhalten, jedoch nach eigenem Willen Dekrete zu erlassen. Er betrieb eine hastige Umorganisation des feudalistischen Staatskörpers, wobei die sozialmedizinischen Vorstellungen aus Altona später in Kopenhagen fast deckungsgleich übernommen wurden. So begann er dann auch, die erste dänische Pharmakopöe, also die Aufzeichnung aller vorhandenen, geprüften und in Apotheken zu verkaufenden Arzneimittel, durchzusetzen. Dies war nicht selbstverständlich, handelten doch eine Reihe von Quacksalbern und Henkern mit Mitteln, von denen keineswegs klar war, ob sie zur Gesundheit des Patienten beitrugen oder ihn ins Jenseits beförderten. Und die Bekämpfung der Kurpfuscherei war Struensee ein besonderes Anliegen. Außerdem machte er sich mithilfe der Medizinalverwaltung in Kopenhagen zahlreiche Gedanken über die Luftbeschaffenheit und Wasserversorgung der Stadt. Deshalb mussten die Friedhöfe vor die Stadtmauern verlegt werden, um eine eventuelle Verseuchung des Grundwassers zu vermeiden. Gleichzeitig schuf er die Stelle eines Geburtshelfers, die er mit dem Arzt Matthias Saxtorf besetzte. Dieser hatte die Aufgabe, Vorlesungen für werdende Hebammen zu halten und deren Ausbildung zu leiten und zu überwachen. Auch richtete er nach italienischem Vorbild an der Außenwand des Entbindungshauses in Kopenhagen einen Kasten ein, in den Frauen ihre Neugeborenen hineinlegen konnten – eine Maßnahme, die dem häufig beschriebenen Kindermord in dieser Zeit ein Ende setzen sollte.

Als Zeichen der Verdorbenheit und Gottlosigkeit Struensees wurde es angesehen, als er nicht benutzte Kapellen als Krankenlager für Geschlechtskranke einrichtete. Revolutionierend war auch die gemeinsame Ausbildung der bis dahin unstandesgemäßen Chirurgen mit den Medizinern, nach heutiger Sprachregelung Internisten, die sich mit Händen und Füßen gegen eine gemeinsame Ausbildung sträubten, da Chirurgen zur damaligen Zeit aus der Zunft der Barbiere hervorgingen. Zeitgleich wurden eine Pockenimpfanstalt sowie

Quarantänestationen zur Vermeidung von Seucheneinschleppungen in den Häfen eingerichtet. Zu seinen seuchenhygienischen Maßnahmen gehörten natürlich auch die Reinhaltung und Beleuchtung der Straßen sowie die Nummerierung der Häuser, um das Auffinden von Kranken zu erleichtern. Er sorgte für die Öffnung des Schlossparks von Rosenborg, damit die Kopenhagener Bürger, die zu dieser Zeit eigentlich nie ihre Mauern verlassen durften, vom Runden Turm wenigstens einen Blick in die Umgebung der Stadt erhaschen konnten. Struensee erkannte wohl, dass frische Luft nicht nur für die körperliche Gesundheit, sondern auch für das seelische Wohlbefinden wichtig war.

Gleichzeitig ließ Struensee auch eine tierärztliche Schule eröffnen, um seuchenhygienische Untersuchungen durchzuführen und Tiererkrankungen behandeln zu können. Dies wiederum hatte eine große Bedeutung für die Ernährungssituation der Bevölkerung.

Nach den Ideen der Aufklärung war es für Struensee fast zwingend, dass ein Verbot des Sklavenhandels durchgesetzt werden sollte. Natürlich geschah dies gegen den Widerstand bestimmter Kreise, aber als aufgeklärtem Bürger war es Struensee unmöglich, die grausamen Verhältnisse im Dreieckshandel, die Professor Dr. Christian Degn (1909–2004) in verschiedenen Abhandlungen treffend beschreibt, hinzunehmen. Dieser äußerst lukrative Handel bestand im Export von Waffen und Tand nach Westafrika, dem Weitertransport von Sklaven nach Westindien und der weiteren Verschiffung von Rohrzucker und Rum zum Beispiel nach Flensburg, das zu Dänemark gehörte. So berichtet Degn, dass etwa ein Drittel aller nach Südamerika verschifften Sklaven bei der Überfahrt starben und ein weiteres Drittel spätestens vier Wochen nach der Ankunft.

All seine Reformen trugen dazu bei, dass Struensee zahlreiche Feinde hatte. Und er bot seinen Gegner genügend Anlässe, um ihm den Prozess machen zu können. Die Affäre mit der Königin war dabei nur ein Aspekt. Mitentscheidend für seine spätere Verurteilung zum Tode war unter anderem auch die Erziehung des Kronprinzen, die nach Struensee von Abhärtung und Hinführung zu Selbstbewusstsein geprägt sein sollte. Erreichen wollte er dies, indem der Kronprinz alle Freiheiten erhielt und nur durch wenige Regeln und Vorgaben eingeschränkt wurde. In den Augen der Zeitgenossen waren dies jedoch brutale Erziehungsmethoden. So war es der Dienerschaft strikt untersagt, dem Kronprinzen in irgendeiner Weise zu helfen, es sei denn, es würde Lebensgefahr bestehen. So sollte sich das ängstliche Kind sein Essen von einer Treppe holen, vor der es Angst hatte. Die Furcht vor Tieren wurde durch die Anschaffung junger Hunde behoben, das lähmende Alleinsein durch die Gesellschaft eines bürgerlichen Knaben. So verlor der kleine Kronprinz langsam seine Angst gegenüber anderen Menschen und Tieren. Als brutalste aller Erziehungsmethoden wurde von den Zeitgenossen das mehrmals in der Woche durchgeführte Bad beschrieben, wobei man Struensee unterstellte, dass sich der junge Prinz erkälten sollte, um damit in den Tod gebracht zu werden. Was die Ernährung anbelangte, so verordnete Struensee dem jungen Kronprinzen eine einfache Kost, die aus Wasser, Saft, Brot, Rüben und Honig bestand. Einfachheit und Konsequenz sollte den Zeitgenossen vorgelebt werden. Nach heutigem Urteil wird man sagen können, dass Struensee kein Fettnäpfchen ausließ, in das er treten konnte. So schlug er beispielsweise Caroline Mathilde vor, in Männerkleidung im Herrensattel zu reiten, was die Frauen der orthodoxen Kirchenmänner aufbrachte. Sie konnten sich auf das Fünfte Buch Moses berufen, in dem steht: „Ein Weib soll nicht Männertracht tragen, denn jede, die solches tut, ist Jahve, deinem Gott, ein Greuel."

Struensees Gegner arbeiteten im Stillen. Und sie machten sich dabei Struensees Reformen zunutze, wie etwa die Pressefreiheit, um mit einer Flut von Artikeln und Flugblättern gegen den deutschen Emporkömmling zu hetzen. Nicht nur die Stiefmutter Christians VII., Juliane Marie, wollte ihren Sohn, den Erbprinzen Frederik, als König sehen, nein, auch viele deutsche Adelige Kopenhagens und Holsteins, die nicht ihre erwarteten Pfründe nach dem Aufstieg Struensees erhielten. Die angebliche Liaison mit Königin Caroline Mathilde und der daraus hervorgegangenen Tochter galt den Gegnern, die selbst keineswegs tugendhaft waren, als Vorwand, um alle möglichen Kreise der Bevölkerung aufzuhetzen. Struensee jedoch ignorierte sämtliche Warnzeichen und peitschte mit größter Geschwindigkeit seine Dekrete durch, die jedoch nicht von der Beamtenschaft umgesetzt wurden und in der Kürze der Zeit auch nicht umgesetzt werden konnten. Die Abschaffung der Folter, Milderung der Strafgesetze, das Verbot der Prügelstrafe in der Schule, die Pressefreiheit, die Gleichheit aller Staatsbürger vor dem Gesetz, die Aufhebung der kirchenpolizeilichen Aufsicht über die Sitten, die Gleichstellung der unehelichen Kinder, die Einführung der dänischen Sprache als Unterrichtssprache, der Erlass von Luxussteuern, die Auflösung des Garderegiments, die Einstellung des Baus der Marmorkirche, der Erlass der ersten dänischen Armengesetze sowie das Verbot des Sklavenhandels in den dänischen Kolonien waren Auslöser für einen Staatsstreich, der von langer Hand von Teilen des Adels, von Juliane Marie, der Stiefmutter des Königs Christian VII., und einem Mann namens Høegh-Guldberg vorbereitet wurde. In der Nacht vom 16. auf den 17. Januar 1772, nach einem Maskenball auf Schloss Christiansborg, wurden Struensee, sein Freund Graf Enevolt Brandt sowie die Königin Caroline Mathilde und einige Mitarbeiter Struensees verhaftet. Während Struensee und Brandt in das Kastell gebracht wurden, wurde Königin Caroline Mathilde zur Festung Kronborg in Helsingør eskortiert. Schnellstens wurde ein Scheinprozess organisiert, der auf der Grundlage von Verhören und der sogenannten Bekehrungsgeschichte des Pastors Münter basierte. Die „Bekehrungsgeschichte" Balthasar Münters war praktisch ein Verhörprotokoll, in dem Münter nicht nur alle Anschuldigungen gegen Struensee vorbrachte, sondern auch Struensees Verteidigungsargumente. Gleichzeitig gab Münter an, Struensee bekehrt zu haben, was vom Angeschuldigten aber nicht mehr bestätigt werden konnte. Der Prozess endete am 26. April 1772 mit dem Todesurteil wegen Majestätsbeleidigung. In einer grauenhaften Zeremonie wurden am 28. April 1772 auf dem heutigen Østerfælled die Delinquenten enthauptet, zerstückelt sowie aufs Rad geflochten. Sogleich machte man sich an die Reorganisation der Reformen, wobei die Abschaffung der Pressefreiheit eine der wichtigsten Maßnahmen der neuen Regierung unter Høegh-Guldberg, der Königinwitwe Juliane Marie und ihrem Sohn, Erbprinz Frederik, war. Allerdings blieben auch einige der eingeleiteten Maßnahmen bestehen, so in Bezug auf den Sklavenhandel, das Friedhofswesen, das Gesundheitswesen, die Reinhaltung der Stadt mithilfe der Kanalisation, die Beleuchtung und Nummerierung der Häuser und viele andere Dinge. Langsam erinnert man sich heute wieder in der Stadt Kopenhagen des Arztes und Staatsmannes Struensee und seiner weit vorausschauenden Maßnahmen für Bevölkerung und Staat und benennt sogar mittlerweile Straßen nach diesem reformsüchtigen Arzt aus Deutschland.

Über so viele Jahre hatte all das Struensee keine Berühmtheit verschafft, sondern nur die fragliche Liebschaft mit der Königin, der angeblich ein Kind entsprang. Nur dies hielt die lüsterne Journaille über Jahrzehnte für überliefernswert und ist auch heute noch Stoff für Buchautoren. Erst Professor Dr. Stefan Winkle zerschlug mit seiner herausragenden Biografie 1983 die Chronique scandaleuse um Struensee und die Königin Caroline Mathilde, zeigte er doch Johann Friedrich Struensee als genialen Arzt und Staatsmann.

Hans Christian Andersen

Mutter Holunder

Es war einmal ein kleiner Knabe, der erkältet war; er war ausgegangen und hatte nasse Füße bekommen. Niemand konnte begreifen, woher er sie bekommen hatte, denn es war ganz trockenes Wetter. Nun entkleidete ihn seine Mutter, brachte ihn zu Bett und ließ die Teemaschine hereinbringen, um ihm eine gute Tasse Holundertee zu machen, denn das wärmt! Im selben Augenblick kam der alte, lustige Mann zur Tür herein, der zuoberst im Haus wohnte und so allein lebte; denn er hatte weder Frau noch Kinder, liebte aber alle Kinder sehr und wusste so viele Märchen und Geschichten zu erzählen, dass es eine Lust war.

„Nun trinkst du deinen Tee!", sagte die Mutter, „vielleicht bekommst du dann ein Märchen."

„Ja, wenn man nur ein neues wüsste!", sagte der alte Mann und nickte so mild. „Aber wo hat der Kleine die nassen Füße bekommen?", fragte er.

„Ja, wo hat er das!", sagte die Mutter, „das kann niemand begreifen."

„Bekomme ich ein Märchen?", fragte der Knabe.

„Ja, kannst du mir ziemlich genau sagen, denn das muss ich erst wissen, wie tief der Rinnstein drüben in der kleinen Straße ist, wo du in die Schule gehst?"

„Akkurat bis zur Mitte meiner Stiefelschäfte", sagte der Knabe, „aber dann muss ich in das tiefe Loch gehen!"

„Sieh, davon haben wir die nassen Füße", sagte der Alte. „Nun sollte ich freilich ein Märchen erzählen, aber ich weiß keins mehr!"

„Sie können gleich eins machen“, sagte der kleine Knabe. „Mutter sagt, dass alles, was Sie ansehen, ein Märchen werden kann, und von allem, was Sie berühren, können Sie eine Geschichte machen.“

„Ja, aber diese Märchen und Geschichten taugen nichts; nein, die richtigen, die kommen von selbst, sie klopfen an meine Stirn und sagen: Hier bin ich!“

„Klopft es nicht bald?“, fragte der kleine Knabe, und die Mutter lachte, tat Holundertee in die Teekanne und goss kochendes Wasser darüber.

„Erzähl! Erzähl!“

„Ja, wenn ein Märchen von selbst kommen wollte, aber so eins ist vornehm, es kommt nur, wenn es selbst Lust hat – stopp!“, sagte er auf einmal. „Da haben wir es! Gib acht, nun ist eins in der Teekanne!“

Und der kleine Knabe sah nach der Teekanne hin; der Deckel hob sich mehr und mehr und die Holunderblüten kamen so frisch und weiß hervor. Sie schossen große, lange Zweige, selbst aus dem Schnabel kamen sie, verbreiteten sich nach allen Seiten und wurden größer und größer. Es war der schönste Holunderbusch, ein ganzer Baum. Er ragte in das Bett hinein und schob die Gardinen zur Seite; nein, wie das blühte und duftete! Und mitten im Baum saß eine alte, freundliche Frau mit einem wunderlichen Kleid; es war ganz grün, wie die Blätter des Holunderbaumes, und mit großen, weißen Holunderblüten besetzt. Man konnte nicht gleich sehen, ob es Zeug oder lebendes Grün und Blüten waren.

„Wie heißt diese Frau?“, fragte der kleine Knabe.

„Ja, diese Römer und Griechen“, sagte der alte Mann, „die nannten sie Dryade, aber das verstehen wir nicht; draußen in Nyboder, dem Matrosenviertel, haben sie einen besseren Namen für sie, dort wird sie Mutter Holunder genannt, und sie ist es nun, auf die du achtgeben musst; hör nur zu und sieh dir den schönen Holunderbaum an!

Gerade so ein großer, blühender Baum steht dort draußen in Nyboder! Er wuchs drüben in der Ecke in einem kleinen, ärmlichen Hof; unter diesem Baum saßen eines Nachmittags im schönsten Sonnenschein zwei alte Leute; es war ein alter, alter Seemann und seine alte, alte Frau; sie waren Urgroßeltern und sollten bald ihre goldene Hochzeit feiern, aber sie konnten sich des Datums nicht recht entsinnen. Und Mutter Holunder saß im Baum und sah so vergnügt aus, gerade wie hier. ‚Ich weiß wohl, wann die goldene Hochzeit ist!', sagte sie, aber sie hörten sie nicht, sie sprachen von den alten Zeiten.

‚Ja, entsinnst du dich', sagte der alte Seemann, ‚damals, als wir noch ganz kleine Kinder waren und herumliefen und spielten; es war just in demselben Hof, wo wir jetzt sitzen, und wir steckten kleine Zweige in die Erde und machten einen Garten.'

‚Ja', sagte die alte Frau, ‚daran erinnere ich mich gut! Und wir begossen die Zweige, und einer davon war ein Holunderzweig; er schlug Wurzeln, trieb grüne Schößlinge und ist nun der große Baum geworden, unter dem wir alten Menschen sitzen.'

‚Ja gewiss!', sagte er, ‚und dort drüben in der Ecke stand ein Wasserkübel; dort schwamm mein Fahrzeug, ich hatte es selbst geschnitzt; wie das segeln konnte! Aber ich kam wahrlich bald ganz anders zum Segeln!'

‚Ja, aber erst gingen wir in die Schule und lernten etwas!', sagte sie, ‚und dann wurden wir konfirmiert; wir weinten alle beide; aber am Nachmittag gingen wir Hand in Hand auf den Runden Turm und sahen in die Welt hinaus über Kopenhagen und das Wasser; dann gingen wir nach Frederiksberg, wo der König und die Königin in ihren prächtigen Booten auf den Kanälen herumfuhren.'

‚Aber ich kam freilich ganz anders zum Herumfahren, und das während vieler Jahre, weit fort auf die großen Reisen!'

‚Ja, ich weinte oft um dich!', sagte sie, ‚ich glaubte, du seiest tot und fort und müsstest dort unten in dem tiefen Wasser liegen und Unsinn treiben! Manche Nacht stand ich auf und sah nach, ob die Windfahne sich drehte; ja, sie drehte sich wohl, aber du kamst nicht! Ich entsinne mich so deutlich, wie eines Tages der Regen herabströmte, der Kehrichtmann kam vor das Haus, wo ich diente; ich ging mit dem Kehrichteimer hinunter und blieb in der Tür stehen; was war es für ein hässliches Wetter! Und wie ich so dastand, war der Postbote neben mir und gab mir einen Brief, er war von dir. Ja, wie der herumgereist war! Ich stürzte mich auf ihn und las; ich lachte und ich weinte; ich war so froh! Da stand, dass du in den warmen Ländern seiest, wo die Kaffeebohnen wachsen! Was muss das für ein gesegnetes Land sein! Du erzähltest so viel, und ich sah das alles, während der Regen herabströmte und ich mit dem Kehrichteimer dastand. Da kam einer und fasst mich um den Leib – –'

,– Ja, aber du gabst ihm eine tüchtige Ohrfeige, dass es nur so klatschte.'

,Ich wusste ja nicht, dass du es warst! Du warst ebenso schnell gekommen wie dein Brief; und du warst so schön – das bist du ja noch –, du hattest ein großes, gelbes, seidenes Taschentuch in der Tasche und einen blanken Hut auf; du warst so fein. Gott, was war das doch für ein Wetter, und wie die Straße aussah!'

,Dann heirateten wir!', sagte er, ,erinnerst du dich? Und dann, als wir den ersten kleinen Knaben bekamen und dann Marie und Niels und Peter und Hans Christian!'

,Ja, und wie sie alle herangewachsen und ordentliche Menschen geworden sind, die alle gern haben!'

,Und ihre Kinder haben wieder Kleine bekommen!', sagte der alte Matrose; ,ja, das sind Urenkel! Da ist Kern drin! – Es war ja doch, scheint mir, um diese Zeit des Jahres, dass wir Hochzeit hielten –!'

,Ja, just heute ist der goldene Hochzeitstag!', sagte Mutter Holunder und steckte den Kopf gerade zwischen die beiden, und sie glaubten, es sei die Nachbarin, die da nickte. Sie sahen einander an und fassten sich bei den Händen; bald darauf kamen die Kinder und Kindeskinder; sie wussten wohl, dass es der goldene Hochzeitstag war, sie hatten schon am Morgen gratuliert; aber das war von den Alten vergessen, während sie sich gut alles dessen erinnerten, was vor vielen Jahren geschehen war. Und der Holunderbaum duftete so stark, und die Sonne, die am Untergehen war, schien den beiden Alten gerade ins Gesicht; sie sahen beide so rotwangig aus, und das kleinste der Kindeskinder tanzte um sie herum und rief ganz glückselig, dass es diesen Abend ein richtiges Fest geben werde, sie sollten warme Kartoffeln haben; und Mutter Holunder nickte im Baum und rief Hurra mit all den andern."

– „Aber das war ja kein Märchen!", sagte der kleine Knabe, der es erzählen hörte.

„Ja, das musst du verstehen!", sagte der, welcher erzählte, „aber lass uns Mutter Holunder fragen!"

„Das war kein Märchen!", sagte Mutter Holunder, „aber jetzt kommt es! Aus dem Wirklichen heraus wächst eben das seltsamste Märchen; sonst hätte ja mein schöner Holunderbusch nicht aus der Teekanne heraussprossen können." Und dann nahm sie den kleinen Knaben aus dem Bett heraus, legte ihn an ihre Brust, und die Holunderzweige voller Blüten schlugen um sie zusammen, sie saßen wie in der dichtesten Gartenlaube, und die flog mit ihnen durch die Luft; es war so unvergleichlich schön. Mutter Holunder war auf einmal ein kleines, reizendes Mädchen geworden; aber das Kleid war noch immer vom gleichen grünen, weiß geblümten Stoff, das Mutter Holunder getragen hatte; an der Brust hatte sie eine wirkliche Holunderblüte und in ihrem gelben, lockigen Haar einen ganzen Kranz von Holunderblüten; ihre Augen waren so groß, so blau, oh, sie war so beglückend anzusehen! Sie und der Knabe küssten sich, und dann waren sie im gleichen Alter und fühlten gleiche Freuden.

Sie gingen Hand in Hand aus der Laubhütte und standen nun in dem schönen Blumengarten des Hauses; bei dem frischen Rasenplatz war des Vaters Stock an einen Pflock gebunden; für die Kleinen war Leben in dem Stock; sobald sie sich rittlings darübersetzten, verwandelte sich der blanke Knopf in einen prächtigen, wiehernden Kopf, die lange, schwarze Mähne flatterte, vier schlanke, starke Beine schossen hervor; das Tier war stark und feurig; im Galopp fuhren sie um den Rasenplatz herum: hussa! – „Jetzt reiten wir viele Meilen weit fort!", sagte der Knabe; „wir reiten nach dem Herrenhof, wo wir im vorigen Jahr waren!" Und sie ritten und ritten um den Rasenplatz herum; und immer rief das kleine Mädchen, die, wie wir wissen, niemand anders war als Mutter Holunder: „Jetzt sind wir auf dem Land! Siehst du dort das Bauernhaus mit dem großen Backofen, der wie ein riesengroßes Ei wirkt in der Mauer nach dem Wege zu? Der Holunderbaum neigt seine Zweige darüber hin und der Hahn geht und scharrt vor den Hühnern; schau, wie er sich brüstet! – Nun sind wir bei der Kirche! Sie liegt hoch oben auf dem Hügel zwischen den großen Eichbäumen, von denen der eine halb eingegangen ist! – Jetzt sind wir bei der Schmiede, wo das Feuer brennt und die halbnackten Männer mit den Hämmern schlagen, sodass die Funken weit umherfliegen. Fort, fort nach dem prächtigen Herrenhof!" Und alles, was das kleine Mädchen, das hinten auf dem Stock saß, sagte, flog auch vorüber; der Knabe sah es, und doch kamen sie nur um den Rasenplatz herum. Dann spielten sie im Seitengang und ritzten einen kleinen Garten in die Erde. Und sie nahm die Holunderblüte aus ihrem Haar, pflanzte sie, und sie wuchs, genau so, wie es bei den alten Leuten in Nyboder geschehen war, damals als sie klein waren, und wie es früher erzählt worden ist. Sie gingen Hand in Hand, ebenso wie es die alten Leute als Kinder getan hatten, aber nicht hinauf auf den „Runden Turm" oder nach dem Frederiksberggarten, nein, das kleine Mädchen fasste den Knaben um den Leib und dann flogen sie weit umher in ganz Dänemark. Und es war Frühling und es wurde Sommer und es war Herbst und es wurde Winter und Tausende von Bildern spiegelten sich in den Augen und dem Herzen des Knaben und immer sang ihm das kleine Mädchen vor: „Das wirst du nie vergessen!“ Und auf dem ganzen Flug duftete der Holunderbaum so süß und so schön; er spürte wohl die Rosen und die frischen Buchen; aber der Holunderbaum duftete noch wunderbarer, denn seine Blüten hingen am Herzen des kleinen Mädchens, und daran lehnte er im Fluge oft seinen Kopf.

„Hier ist es schön im Frühling!“, sagte das kleine Mädchen, und sie standen in dem frisch ausschlagenden Buchenwald, wo der grüne Waldmeister zu ihren Füßen duftete und die blassroten Anemonen so schön im Grünen aussahen. „Oh, wäre es immer Frühling in dem duftenden, dänischen Buchenwald!“

„Hier ist es schön im Sommer!“, sagte sie, und sie fuhren an alten Herrenhöfen aus der Ritterzeit vorbei, wo die roten Mauern und gezackten Giebel sich in den Kanälen spiegelten, wo die Schwäne schwammen und in die alten, kühlen Alleen hinaufguckten. Auf dem Feld wogte das Korn, als wäre es ein See, in den Gräben standen rote und gelbe Blumen, an den Hecken wuchsen wilder Hopfen und blühende Winden; und am Abend stieg der Mond auf, rund und groß, die Heuhaufen auf den Wiesen dufteten so süß. „Das vergisst man nie!“

„Hier ist es schön im Herbst!“, sagte das kleine Mädchen, und die Luft wurde doppelt so hoch und blau; der Wald bekam die schönsten Farben von rot, gelb und grün; die Jagdhunde jagten dahin, ganze Scharen Vogelwild flogen schreiend über die Hünengräber weg, wo Brombeerranken um die alten Steine hingen; das Meer war schwarzblau mit weißen Seglern, und auf der Tenne saßen alte Frauen, Mädchen und Kinder und zupften Hopfen in ein großes Gefäß; die Jungen sangen Lieder, aber die Alten erzählten Märchen von Zwergen und Trollen. „Besser könnte es nicht sein!“

„Hier ist es schön im Winter!“, sagte das kleine Mädchen, und alle Bäume standen im Raureif; sie sahen aus wie weiße Korallen, der Schnee knirschte unter den

Füßen, als ob man immer neue Stiefel trüge, und vom Himmel fiel eine Sternschnuppe nach der andern. In der Stube wurde der Weihnachtsbaum angezündet, da waren Geschenke und gute Laune; auf dem Land erklang die Fiedel in des Bauern Stube, Apfelschnitze wurden ausgestreut; selbst das ärmste Kind sagte: „Es ist doch schön im Winter!“

Ja, es war schön! Und das kleine Mädchen zeigte dem Knaben alles; und immer duftete der Holunderbaum und immer wehte die rote Flagge mit dem weißen Kreuz, die Flagge, unter welcher der alte Seemann in Nyboder gesegelt war! – Und der Knabe wurde ein Bursche, und er sollte in die weite Welt hinaus, weit weg nach den warmen Ländern, wo der Kaffee wächst; aber beim Abschied nahm das kleine Mädchen eine Holunderblüte von ihrer Brust und gab sie ihm zum Aufbewahren. Und sie wurde in das Psalmenbuch gelegt, und immer im fremden Land, wenn er das Buch öffnete, war es just an der Stelle, wo die Erinnerungsblume lag, und je mehr er sie ansah, desto frischer wurde sie; er fühlte gleichsam den Duft von den dänischen Wäldern, und deutlich sah er zwischen den Blütenblättern das kleine Mädchen mit ihren klaren, blauen Augen hervorgucken, und sie flüsterte dann: „Hier ist es so schön im Frühling, im Sommer, im Herbst und im Winter!“ Und Hunderte von Bildern glitten durch seine Gedanken.

So vergingen viele Jahre und er war nun ein alter Mann und saß mit seiner alten Frau unter einem blühenden Baum; sie hielten einander bei den Händen, ebenso wie Urgroßvater und Urgroßmutter es draußen in Nyboder machten, und sie sprachen ebenso wie sie von den alten Zeiten und von der goldenen Hochzeit. Das kleine Mädchen mit den blauen Augen und mit den Holunderblüten im Haar saß oben im Baum, nickte ihnen beiden zu und sagte: „Heute ist der goldene Hochzeitstag!“ Und dann nahm sie zwei Blüten aus ihrem Haar, küsste sie, und sie glänzten erst wie Silber, dann wie Gold, und als sie sie auf die Köpfe der alten Leute legte, wurde jede Blüte zu einer Goldkrone; da saßen sie alle beide wie ein König und eine Königin unter dem duftenden Baum, der ganz und gar wie ein Holunderbaum aussah. Und er erzählte seiner alten Frau die Geschichte von Mutter Holunder, so wie sie ihm erzählt wurde, als er ein kleiner Knabe war; und sie fanden beide, dass so vieles darin war, was ihrer eigenen glich, und das was glich, das gefiel ihnen am besten.

„Ja, so ist es!", sagte das kleine Mädchen im Baum, „einige nennen mich Mutter Holunder, andere nennen mich Dryade, aber eigentlich heiße ich Erinnerung; *ich* bin es, die im Baum sitzt, der wächst und wächst, *ich* kann mich zurückerinnern, *ich* kann erzählen! Lass mich sehen, ob du deine Blüte noch hast!"

Und der alte Mann öffnete sein Psalmenbuch. Da lag die Holunderblüte, so frisch, als wäre sie neulich hineingelegt worden, und die Erinnerung nickte und die beiden Alten mit den Goldkronen saßen in der roten Abendsonne; sie schlossen die Augen, und – ja, dann war das Märchen aus!

Der kleine Knabe lag in seinem Bett; er wusste nicht, ob er geträumt hatte oder ob er es hatte erzählen hören; die Teekanne stand auf dem Tisch; aber es wuchs kein Holunderbaum aus ihr heraus, und der alte Mann, der erzählt hatte, war gerade dabei, zur Tür hinauszugehen, und das tat er.

„Wie war das schön!", sagte der kleine Knabe. „Mutter, ich bin in den warmen Ländern gewesen!"

„Ja, das glaube ich wohl!", sagte die Mutter, „wenn man zwei volle Tassen Holundertee in sich hat, dann kommt man schon nach den warmen Ländern!" Und sie deckte ihn gut zu, damit er sich nicht erkälte. „Du hast sicher geschlafen, während ich saß und mit ihm stritt, ob es eine Geschichte oder ein Märchen war!"

„Und wo ist Mutter Holunder?", fragte der Knabe.

„Sie ist in der Teekanne!", sagte die Mutter, „und dort kann sie bleiben!"

Søren Kierkegaard
Østergade – Die Flaniermeile der Kopenhagener

Søren Aabye Kierkegaard kam am 5. Mai 1813 als siebtes Kind des wohlhabenden und streng religiösen Wollwarenhändlers Michael Kierkegaard und dessen Ehefrau Ane in Kopenhagen zur Welt. Sein Geburtshaus am Nytorv (Neumarkt), Ecke Frederiksberggade (Strøget) wurde 1908 abgerissen. Heute befindet sich dort eine Filiale der Danske-Bank, eine Tafel am Gebäude erinnert an den berühmten Sohn der Stadt.

Kierkegaard fühlte sich fest in Kopenhagen verwurzelt, er starb in der königlichen Residenzstadt 1855. In seinem kurzen Leben unternahm er nur wenige Reisen. Der Raum innerhalb der Wälle bot den physischen Rahmen für seine weltberühmten Werke. Er flanierte jeden Tag durch die Stadt und fand so seine Inspiration. An der Universität Kopenhagens studierte er von 1830 bis 1840 Philosophie und protestantische Theologie. Zwei Monate nach seinem Examen verlobte er sich mit der neun Jahre jüngeren Regine Olsen, die eine entscheidende Rolle in seinem Leben und Schaffen spielte. Nach 13 stürmischen Monaten löste er die Verlobung wieder, wobei sie ihn dennoch den Rest seines Lebens beschäftigte. Der Verlobungsring ist Teil der kleinen Kierkegaard-Ausstellung im Kopenhagener Stadtmuseum.

Die Erzählung „Østergade" behandelt das Thema Liebe, sie ist dem „Tagebuch des Verführers" entnommen. Schon damals war die Østergade eine belebte Straße, auf der Kierkegaard flanierte und mit jedermann ins Gespräch kam, egal ob Dienstmädchen oder Akademi-

ker. In der Østergade spiegelte sich das hauptstädtische Leben wider.

„Das Tagebuch des Verführers“ ist Teil von „Entweder – Oder“, des ersten Werks von Kierkegaard, erschienen 1843. Thema ist die Verführung des jungen Mädchens Cordelia Wahl durch den dämonischen Johannes. Mit allerhand psychologischen Tricks versucht er, das Herz Cordelias zu gewinnen. Nachdem sie tatsächlich die Verlobung mit ihm eingeht, trennt er sich wieder von ihr und beendet die Verbindung, wobei er es jedoch so arrangiert, dass die junge Frau von sich aus die Verlobung löst.

Erreichen wollte Kierkegaard mit seiner Erzählung, dass der Leser durch die Lektüre zu einer ethischen Einstellung und zu einem religiösen Bekenntnis findet.

Es trifft sich recht merkwürdig, dass auf der Østergade zwei Konditoren einander gegenüber wohnen. Im ersten Stock links wohnt eine kleine Jungfer oder Fräulein. Sie versteckt sich meist hinter einer Jalousie, die das Fenster bedeckt, an dem sie sitzt. Die Jalousie ist aus sehr dünnem Stoff, und wer das Mädchen kennt oder sie schon öfter gesehen hat, wird, falls er gute Augen hat, leicht imstande sein, jeden Gesichtszug wiederzuerkennen, während sie dem, der sie nicht kennt und keine guten Augen hat, als eine dunkle Gestalt erscheint. Letzteres ist bis zu einem gewissen Grade bei mir der Fall, ersteres bei einem jungen Offizier, der täglich Punkt 12 Uhr dort aufkreuzt und seinen Blick auf jene Jalousie richtet. Eigentlich bin ich erst durch die Jalousie auf das schöne telegrafische Verhältnis aufmerksam geworden. Die übrigen Fenster haben keine Jalousie, und so eine einsame Jalousie, die bloß eine einzige Scheibe verdeckt, deutet meist darauf, dass ständig jemand dahintersitzt. Eines Vormittags stand ich beim Konditor auf der andern Seite am Fenster. Es war gerade 12 Uhr. Ohne auf die Vorübergehenden zu achten, heftete ich mein Auge auf jene Jalousie, als die dunkle Figur dahinter sich plötzlich zu regen beginnt. Ein weiblicher Kopf zeigte sich im Profil hinter der nächsten Scheibe, dergestalt, dass er sich auf sonderbare Weise in die Richtung drehte, in welche die Jalousie wies. Darauf nickte die Besitzerin dieses Kopfes sehr freundlich und verbarg sich wieder hinter der Jalousie. Zunächst folgerte ich, dass die Person, die sie grüßte, ein Mann sei; denn ihre Bewegung war zu leidenschaftlich, um durch den Anblick einer Freundin hervorgerufen zu sein; zum andern folgerte ich, dass der, dem der Gruß galt, gewöhnlich von der andern Seite her komme. Sie hatte sich also ganz richtig platziert, um ihn schon ein weites Stück im Voraus sehen, ja ihn wohl gar, von der Jalousie verdeckt, grüßen zu können. – Sehr richtig, Punkt 12 Uhr erscheint der Held dieser kleinen Liebesszene, unser lieber Herr Leutnant. Ich sitze beim Konditor, im Erdgeschoss des Hauses, in dessen erstem Stock das Fräulein wohnt. Der Herr Leutnant hat sie bereits erblickt. Geben Sie jetzt gut acht, mein Lieber, es ist keine ganz leichte Sache, schön zum ersten Stock hinauf zu grüßen. Er ist übrigens nicht übel, gut gewachsen, schlank, eine hübsche Figur, eine gebogene Nase, schwarzes Haar, der Dreispitz steht ihm gut. Jetzt wird's heikel, die Beine fangen langsam an sich zu verheddern, zu lang zu werden. Das macht einen Eindruck auf das Auge, vergleichbar dem Gefühl, das man hat, wenn man Zahnschmerzen hat und die Zähne im Munde zu lang werden. Wenn man seine ganze Macht im Auge sammeln und ihm die Richtung auf den ersten Stock geben will, so zieht man leicht zu viel Kraft aus den Beinen ab. Entschuldigen Sie, Herr Leutnant, dass ich diesen Blick bei seiner Himmelfahrt anhalte. Es ist eine Naseweisheit, ich weiß es wohl. Vielsagend kann man diesen Blick nicht nennen, eher nichtssagend, und doch vielversprechend. Diese vielen Versprechungen aber steigen ihm offenbar zu sehr zu Kopfe; er schwankt, um des Dichters Wort von Agnete zu gebrauchen, er taumelte, er fiel. Das ist hart und wenn ich zu sagen hätte, wäre es nie passiert. Er ist zu gut dazu. Es ist recht fatal; denn wenn man als Kavalier Eindruck auf die Damen machen will, so darf man niemals fallen. Will man Kavalier sein, muss man auf dergleichen achten. Zeigt man sich dagegen bloß als intelligente Größe, so ist all das gleichgültig; man versinkt in sich selbst, man fällt zusammen, sollte man da wirklich fallen, so ist gar nichts Auffälliges daran. – Welchen Eindruck mag dieser Vorfall wohl auf mein kleines Fräulein gemacht haben? Es ist ein Unglück, dass ich nicht zugleich auf beiden Seiten dieser Dardanellenstraße sein kann. Ich könnte zwar einen Bekannten auf jener Seite postieren, aber teils möchte ich immerhin die Beobachtung doch lieber selber machen, teils kann man nie wissen, was für mich etwa bei dieser Geschichte herauskommt, und dabei ist es nie gut, einen Mitwisser zu haben, da man dann viel Zeit damit vergeuden muss, ihm abzuringen, was er weiß, und ihn ratlos zu machen. – Ich fange wirklich an, meines guten Leutnants überdrüssig zu werden. Tagaus, tagein zieht er in voller Uniform vorbei. Das ist doch eine schreckliche Standhaftigkeit. Schickt sich so etwas für einen Soldaten? Mein Herr, tragen Sie kein Seitengewehr? Gebührt es Ihnen nicht, das Haus im Sturm und das Mädchen mit Gewalt zu nehmen? Ja, wären Sie ein Studiosus, ein Lizenziat, ein Kaplan, der sich durch Hoffnung am Leben erhält, das wäre eine andere Sache. Doch ich verzeihe Ihnen; denn das Mädchen gefällt mir, je mehr ich sie ansehe. Sie ist schön, ihre braunen Augen sind voll Schelmerei. Wenn sie Ihr Kommen erwartet, wird ihre Miene von einer höheren Schönheit verklärt, die ihr unbeschreiblich gut ansteht. Daraus schließe ich, dass sie viel Fantasie haben muss, und Fantasie ist die natürliche Schminke des schönen Geschlechts.

Herman Bang

Der Sund und die Küste

Der Sund! Es gibt keinen Dänen, der sich nicht nach dem Sund sehnt, und keinen Fremden, welcher ihn vergessen kann, wenn er ihn einmal gesehen hat. Man soll ihn im Juli sehen, wenn das Wasser veilchenblau ist und die Wälder an der Küste dunkel geworden sind und die Villen in den mit Tausenden von Rosen geschmückten Gärten fast verschwinden und der tiefe Himmel einem stillen Ozean gleicht. Oder man sehe ihn vielleicht noch lieber im Herbst, wenn die Wellen dunkel werden und sich weiß rändern und die Wälder ernst daliegen, als ob sie finstere Geheimnisse zu wahren hätten, und der Himmel wie ein Glas ist und alle Konturen scharf sind, als ob sie leuchteten.

Dann ist der Øresund am schönsten!

Dann kann man verstehen, dass das Sehnen aller Dänen ist, hier zu wohnen, dass hier die Hauptstadt Dänemarks gegründet ward, und dass alle Dichter Dänemarks dieses Wasser und diese Küste besungen haben.

Am meisten jedoch die hellen Nächte. Die dänische Sommernacht ist nicht die Fortsetzung des Tages, wie die Sommernacht in Norwegen, wo die Sonne gar nicht unterzugehen scheint. Am Øresund ist die Sommernacht eine Dämmerung. Alles – Küste und Meer – erscheint in einem milden Zwielicht, als ob ein Riesenschirm über die Riesenlampe der Sonne gehängt sei. Und alles sieht man, die Gärten und die Schlösser und die Brücken an der Küste, aber man sieht alles wie unter einem Schleier. Dann soll man in eins der an den weißen Brücken liegenden Boote steigen, mit den weißen Rudern, von denen das Wasser wie mattes Silber herabfällt, einige Schläge tun und sich gleiten lassen über den wachend träumenden Sund. Alles ringsumher liegt in einem halbdunklen Glanze. Über dem Wasser schwebt ein seltsamer Tag, der noch nicht das Auge der Sonne aufgeschlagen hat, und über den Wäldern hängt ein zitternder Glanz. Aber gegen Osten, über der schwedischen Küste, beginnt es sich rot zu färben – ein hellroter Schein bricht hervor. Das ist der kommende Tag, der den scheidenden begrüßt.

Die Sommernächte haben die Dichter Dänemarks am schönsten besungen, und der Däne summt diese Lieder vor sich hin, wenn er fern von der Heimat ist.

Wo der Sund beginnt, liegt *Kronborg* mit seinen Erkern und Spitzen und Türmen und Schanzen und Kanonen, welche – zum Salut gebraucht werden.

Es ist, als ob Dänemarks Geschichte dastände, dort auf der Landspitze, auf der äußersten Schanze und Wache hielte. Von des Landes ältesten Zeiten ranken die Sagen sich dicht um die Mauern. Dort unten in dem tiefsten Keller des Schlosses sitzt hinter undurchdringlichen Mauern seit vielen, vielen Jahren Holger Danske, der Nationalheld. Hier schläft er schon seit einem Jahrtausend. Sein weißer Bart ist durch den steinernen Tisch gewachsen. Wird aber der letzte Würfel um das dänische Reich geworfen – es ward lange und hoch um Dänemark gespielt –, dann erwacht der Held, reißt seinen weißen Bart aus dem steinernen Tisch und ergreift das Schwert zum letzten Kampf.

Tief unten wartet Holger Danske auf den entscheidenden Tag; dort oben auf den Schanzen streift Hamlets Schatten umher. Hier war es, wo der dänische Prinz das furchterregende Gespenst seines Vaters sah. Hier hielt er um Mitternacht mit Horatio und Marcellus Wache. Das ist Hamlets Ort. Ganz in der Nähe zeigt man sein Grab. Im „Marienlyst's" Schlosspark, wo jetzt vornehme Badegäste verkehren, liegt sein Grab an einem Abhang. Buchen breiten ihre Zweige darüber aus. – Hamlet ist Sage. Aber auch die Geschichte lebt um Kronborg. Als Kronborg errichtet ward, gehörten noch beide Ufer des Sundes zu Dänemark. Das Schloss lag auf der Wache vor dem Reich und der Ostsee. Es lag vor der Stadt Helsingør, und die Soldaten wachten darüber, dass die vorbeifahrenden Schiffe den Sundzoll bezahlten. Damals ging es lustig her in der alten Stadt Helsingør. Alle Schiffe mussten hier ihre Fahrt unterbrechen. Alle Kapitäne mussten an Land gehen. In den engen Straßen gab es mehr Kneipen als Priester in einem Domkapitel und alle Länder Europas hielten hier Konsuln, die in ihren eleganten Equipagen durch die engen Gassen fuhren. Nirgends im Land rollten die Taler so leicht und nirgends waren die Gläser tiefer und wurden sie leichter geleert. Aber auch der Sundzoll hörte auf. Und als er im Jahre 1857 aufgehoben wurde, ward Helsingør stille – eine Sommerstadt, wohin die Fremden reisen, um die sagenumsponnene und geschichtlich interessante Stätte zu besuchen und um Marienlyst zu sehen.

Derjenige, welcher Dänemarks milde Schönheit kennenlernen will, soll eine Nacht auf Marienlyst verweilen. Am nächsten Morgen aber soll er den kurzen Weg nach Gurre zurücklegen. Hunderte von Dichtern haben diese Stätte besungen. Einst stand ein Schloss am Gurresee, ein Schloss ganz versteckt im Wald. Hier im Waldesschlosse verbarg einer der großen Könige Dänemarks, König Volmer, seine Heißgeliebte. Jetzt ist alles verfallen. …

Die Schiffe, welche durch den Sund fahren, gleiten an Kronborg, an Helsingør und an der Küste Seelands vorbei, wo Villa neben Villa und Stadt neben Stadt liegt. Hinter den Landhäusern und den Städten erstreckt sich der Wald. […]

Man gehe an Land, wo man will.

Bei Rungsted braucht man nur über einen Weg zu gehen und man ist im Wald – nicht in einem erdrückenden Eichenwald, auch nicht in einem Tannenwald, in dessen Stille die Vögel nicht zu singen wagen, sondern in einem Buchenwald, der hell ist trotz der gewaltigen Kronen, der mild ist trotz der riesenhaften Stämme – und voller Lieder. Denn in den Buchenwäldern singen alle Vögel.

Jetzt vereinigen sich die Villen wieder zu einer Stadt. Das ist Vedbæk. Das rote Haus mit dem Turm, das hinter dem Wald hervorguckt, ist das Landschloss des griechischen Königs. Und das weiße Ufer dort, die hohen Häuser, die Menge der Veranden ist Skodsborg, unter den schönen Orten am Sund wohl der berühmteste. Vor dem Abhang breitet sich das blaue Meer aus, nur der Himmel ist sein Saum. Aber mitten in all dem Blau des Sommers, des Sundes und des Himmels werden am Horizont einige weiße Ufer sichtbar. Das ist die Küste von Hveen, wo Dänemarks großer Sohn, Tycho Brahe, der Sternkundige, sein Uranienborg errichten ließ.

Wenn man an einem Sommertag auf einem der Balkons von Skodsborg steht, zerfließt das Wasser in eins – in ein einziges Hellblau. Der Sommernebel verwischt die Linie, wo der Himmel und das Wasser zusammentreffen. Hier und dort tauchen Schiffe auf, mit ausgespannten Segeln wiegen sie sich, als ob sie in die Unendlichkeit hinüberglitten. Der Blick verliert sich. – Es ist einem, als lebe man einen Traum – einen Traum von dem Ewigen ....

Von dem Tag an, als Skodsborg gebaut ward, wurde es „chic", dort zu wohnen, und bald ging Skodsborgs Ruf über die ganze Welt. Jetzt kommt kein Fremder nach Dänemark, der nicht Skodsborg besucht und bewundert.

Der Strandweg von Skodsborg bis nach Kopenhagen gleicht einer einzigen Blumenstraße.

Wie gut erinnere ich mich an Taarbæk aus meiner Kindheit. Damals war Taarbæk vornehm. Die stille Villastadt, wo sich große Gärten über Terrassen ausbreiteten und wo Villen friedlich neben Fischerhütten lagen.

Kopenhagen war so weit davon entfernt, dass man eine Reise anzutreten glaubte, wenn man dorthin sollte, und ein einziger schlechter Dorfbäcker versorgte uns mit Brot. Wie ist doch das Taarbæk meiner Kindheit so fern! Jetzt ist Taarbæk eine Stadt – eine Stadt, die sich bis nach Kopenhagen erstreckt. Und Geschäftswagen halten vor jeder Tür und laden ihre Waren ab.

Mitten in der Villastadt liegt noch hoch über der Schar der Konkurrenten Klampenborg, das älteste Badehotel des Landes. Unsere Vorfahren gründeten die Wasserkuranstalt auf mageren Aktien. Der König gab eine Ecke des Tiergartens als Grund dazu her. Ihre Hoffnung auf Ausbeute ihrer Aktien war sehr gering. Und jetzt liegt dort das große, palmengeschmückte Hotel mit seinen Treibhäusern und Veranden auf der grünen Anhöhe, wovon man die herrlichste Aussicht auf den Sund hat.

Lasst uns einen Abend auf einem seiner Balkons zubringen. Wir sind im August. Der Himmel ist dunkel und voller Sterne. Die Luft ist mit dem betäubenden Duft der Reseda und des Heliotrop geschwängert. In die Nacht hinaus seufzt der dunkle Sund im Schlaf unter dem Schein der Sterne. Eine Sternschnuppe nach der andern fährt über den sternbesäten Himmel dahin. Durch die Nacht gleiten die großen Dampfer mit ihren erleuchteten Fenstern über den Sund. Lautlos ziehen sie durch das Wasser. Und wieder ist der Sund dunkel, bis er durch eine Lichtwolke im Süden etwas erhellt wird. Ein leuchtender Nebel, ein Schein wie von einem fernen Feuer – die Lichtwolke über Kopenhagen. Dort unten liegt es mit seinen Türmen. Aber hier auf Klampenborgs Balkon ist es still und dunkel …

– Es gibt keinen Dänen, in dem nicht der Øresund die schönsten Erinnerungen wachruft. Es gibt keinen Fremden, der, wenn er ihn einmal gesehen hat, ihn vergessen kann.

Der blaue Teppich, ausgebreitet zu den Füßen der Øresund-Königin – zu den Füßen Kopenhagens.

Annie Lander Laszig

Skål for København! Oder: Wie Bier zu Kunst wird

Die Kopenhagener lieben ihr Bier, oft so sehr, dass sie mit einer Flasche in der Hand im Sommer spazieren gehen. Sie genießen es, auf dem grünen Rasen in einem der vielen Parks zu sitzen, einen ganzen Kasten des guten Gebräus neben sich, und sich an ihrem „Bajer" zu laben (tatsächlich nach Bayern benannt, denn von dort kam früher das gute Bier). Trifft man einen Freund, kann er gleich mit einem Schluck begrüßt werden. Wie denn ein kühles Glas Gerstensaft überhaupt eine gute Gelegenheit ist, mit den Kopenhagenern ins Gespräch zu kommen, ohne aufdringlich zu sein.

Aber das Bier schmeckt nicht nur köstlich, sondern die Dänen haben immer auch einen guten Grund, es zu trinken, denn dabei unterstützen sie so hehre Ziele wie Kunst, Wissenschaft, Museen und Forschung. Und wer möchte sich dem schon entziehen? Ein bestimmter Prozentsatz des erwirtschafteten Gewinns kommt tatsächlich laut eines Vermächtnisses der Gründer der Carlsberg und Ny Carlsberg Brauerei der Forschung, Wissenschaft und Kultur zugute. Kein Wunder also, dass die Einwohner der Stadt überall und gerne Bier trinken. Es gibt sage und schreibe 200 liebevolle Umschreibungen für das Biertrinken. „Drik dit øl, før det dovner, tag din kæreste i favn, før hun sover" (Trink dein Bier, bevor es fade wird, nimm deine Liebste in den Arm, bevor sie schläft), „Øl er Øl, som Goethe siger", eine Redensart von dem dänischen Karikaturisten Storm P (Bier ist Bier, wie Goethe sagt). „Brauhäuser und Bierkeller sind die vornehmsten Apotheken“, das wussten schon die Kopenhagener Ärzte vor mehr als 250 Jahren, um nur einige wenige Sprüche rund um dieses Volksgetränk zu nennen.

Die Carlsberg-Stiftung und die ihr angegliederte Ny Carlsberg Stiftung (ins Leben gerufen von dem Brauer Jacob Christian Jacobsen und fortgeführt von seinem Sohn Carl) betreiben zwei weltberühmte Museen, zum einen die Ny Carlsberg Glyptothek im Herzen von Kopenhagen in direkter Nachbarschaft zum Vergnügungspark Tivoli, zum anderen das Nationalhistorische Museum im Schloss Frederiksborg in Hillerød, in einer lieblichen Bilderbuchlandschaft gelegen und leicht mit der S-Bahn von Kopenhagen aus zu erreichen.

Die Geschichte von Schloss Frederiksborg geht zurück bis in die Mitte des 16. Jahrhunderts. Der baufreudige Christian IV., der Kopenhagen ein völlig neues Gesicht gab, wurde hier 1577 geboren. Er liebte die wunderschöne Lage des Schlosses sehr, mitten auf einer Insel im Schlosssee, umgeben von Wäldern, in denen er auf die Jagd ging. Kaum an der Macht, ließ er dort ein Prachtschloss bauen, nachdem er fast das gesamte alte Schloss hatte abreißen lassen.

Ein späterer König, Frederik VII., der in Bronze hoch zu Ross vor dem Schloss Christiansborg mit Blick auf die Holmenskirche sitzt, bevorzugte Schloss Frederiksborg nicht nur im Sommer, sondern auch im Winter als Wohnsitz, obwohl es kaum zu heizen war. Die vielen offenen Kamine und Kachelöfen bedeuteten eine ständige Brandgefahr, und so kam es denn, wie es kommen musste: Das Schloss brannte in der Nacht vom 16. auf den 17. Dezember 1859 völlig aus. Leider kam jede Hilfe zu spät, und nur ganz wenige Stücke des wertvollen Inventars konnten geborgen werden, denn die Retter verstopften mit Möbeln die Fluchtwege.

Ein Augenzeuge dieser Katastrophe war Graf Holk von Schloss Holkenäs in Schleswig-Holstein. Er war an den königlichen Hof in Kopenhagen berufen worden und erlebte den Brand des Frederiksborger Schlosses aus nächster Nähe. Dabei kam seine Liaison mit einer Hofdame ans Licht. Theodor Fontane hat die Geschichte des Grafen Holk übrigens in seinem Roman „Unwiederbringlich" literarisch für die Nachwelt festgehalten.

Groß war die Trauer am Hofe über den Verlust des königlichen Wohnsitzes. Fünf Jahre danach, 1864, war das Schloss in seiner äußeren Hülle wieder aufgebaut, aber es fehlte an Geldmitteln für den Innenausbau. Da Dänemark nach dem Krieg mit Schleswig-Holstein knapp bei Kasse war, schlug Brauer Jacob Christian Jacobsen, in Dänemark nur als J. C. Jacobsen bekannt, 1877 vor, das Schloss als Nationalhistorisches Museum im Stil von Versailles einrichten zu lassen. Die Carlsberg Brauerei würde dies gegebenenfalls finanzieren. Sein Traum wurde Wirklichkeit und ab 1882 bekam die Öffentlichkeit Zugang zum Schloss. Heute kann man nicht nur die Geschichte Dänemarks in glorifizierenden Ölbildern bewundern, sondern auch eine nationale Porträtgalerie. J. C. Jacobsen verfolgte das Ziel, den Dänen ein Gefühl für ihr historisches Erbe zu vermitteln.

Nur die Schlosskirche war vom Brand weitgehend verschont geblieben. Sie diente von 1671 bis zur letzten Krönung 1840 von König Frederik VII. als Stätte der Krönungsfeierlichkeiten der dänischen Monarchen. Seit mehr als 300 Jahren werden die Wappenschilder der Elefantenritter und der Großkreuzritter vom Danebrog in der Schlosskirche aufgehängt.

Wer die nationale Seele der Dänen näher kennenlernen möchte, sollte Schloss Frederiksborg unbedingt einen Besuch abstatten. Auch heute werden die Kosten des Schlosses und des Museums von der Carlsberg-Stiftung getragen. 365 Tage im Jahr kann man sich hier nationalen Gefühlen hingeben – durchgehend geöffnet.

Die Carlsberg-Stiftung (Carlsbergfondet) hat ihren Sitz auf Dantes Plads (Dantes-Platz), gegenüber der Glyptothek. Sie ist die älteste Stiftung Dänemarks, 1876 ins Leben gerufen, und heute die größte private Stiftung des Landes. In Kultur und Wissenschaft geht in Dänemark fast nichts ohne das „Biergeld".

Das Carlsberg-Bier hat seinen Namen vom innig geliebten und einzigen Kind von Jacob Christian und Laura Jacobsen. Carl wurde 1842 geboren. Fünf Jahre nach der Geburt des Sohnes gründete J. C. Jacobsen auf der Anhöhe Valby Bakke, damals vor den Toren der Stadt gelegen, die Carlsberg Brauerei, die nach allerneuesten Erkenntnissen arbeitete. Laboratorien wurden gegründet, Wissenschaftler angestellt und der Brauvorgang ständig verbessert. Dank der durstigen Kehlen floss das Geld in die Kassen.

Im Laufe der Jahre wurde das Verhältnis zwischen Vater und Sohn immer schwieriger, der Vater schrieb seinem Sohn alles vor. Als jedoch Carl als Erwachsener das Bier nach anderen Methoden brauen wollte und nicht den Zuspruch vom Vater erhielt, gründete er kurzerhand seine eigene Brauerei mit dem Namen „Ny Carlsberg". Das Verhältnis zwischen Vater und Sohn wurde so immer angespannter, und 1879 kam es dann zu einem endgültigen Bruch zwischen den beiden.

J. C. Jacobsen beschloss, seine Brauerei einer Stiftung (Carlsberg-Stiftung) zu vererben, und zahlte seinen Sohn mit einer Million Kronen aus. Dieser betrieb aber weiterhin seine Ny Carlsberg Brauerei.

Bereits auf einer Reise 1862 nach Italien und Frankreich wurde Carls Kunstbegeisterung entfacht, die ihn zu einem besessenen Sammler werden ließ. Seine Sammlerleidenschaft wurde zur Manie. Sein gewaltiges Erbe teilte er später in vier Teile: Er errichtete eine Museumsstiftung für dekorative Kunst, baute die sehr schöne Jesuskirche nach italienischem Vorbild (Architekt Vilhelm Dahlerup) in der Nähe der Brauerei als Mausoleum für sich und seine Familie, gründete die

„Albertina-Stiftung“ zur Ausschmückung öffentlicher Plätze und Parkanlagen und gab schließlich den letzten Teil seinen Arbeitern.

Zur Zeit Carl Jacobsens hatte Kopenhagen nur wenige Denkmäler zu bieten. Natürlich wurden einige Könige sowie einzelne Dichter und Wissenschaftler mit solchen Ehrenmalen gewürdigt, es gab dann noch das Denkmal der Bauernbefreiung – doch das war's schon. Hier nun wollte Carl Jacobsen tätig werden.

Aber es war gar nicht so einfach für ihn, Denkmäler zu verschenken, denn damals zierte sich die Stadt Kopenhagen, Geld von Privatleuten anzunehmen. So hatte Carl Jacobsen den Bildhauer Theobald Stein (1829–1901) beauftragt, eine Statue von Asmus Jacob Carstens (1754–1798) anzufertigen, einem Maler und Zeichner, den Jacobsen bewunderte. Carl Jacobsen wollte Kopenhagen die Statue schenken, aber als die Stadt sie in Østre Anlæg haben wollte, war Jacobsen mit dem Platz nicht einverstanden und zog sein Geschenk zurück. Erst viele Jahre später konnte man sich darauf einigen, sie bei der Glyptothek aufzustellen. Die Stadtoberen waren gegen diese Statue, weil Asmus Jacob Carstens in St. Jürgen bei Schleswig geboren war und nach 1864 der deutschen Kunstgeschichte zugeschrieben wurde.

Jahre später änderte sich allerdings die Einstellung in der Ratsversammlung und Jacobsen überschüttete die Stadt daraufhin mit allerlei Statuen.

Oft wurde eine Skulptur an verschiedenen Plätzen „zur Probe“ aufgestellt, ehe der richtige Standort gefunden war. So erging es einer Kopie von Michelangelos David. Sie fand zunächst einen Platz bei der Helligåndskirken (Heiligengeistkirche), da aber David nackt war, brach große Entrüstung aus. Daraufhin wurde die Statue mit einem Feigenblatt versehen, doch zu spät, es half nichts mehr, denn die Gemeindemitglieder hatten ja schon gesehen, was darunter war. So verbannte man sie in den Innenhof des Vartovs, eines damaligen christlichen Krankenhauses, was auch hier nicht auf Gegenliebe stieß. Endlich verschleppte man die überlebensgroße Figur in die Nähe des Statens Museum for Kunst in den alten Befestigungsanlagen von Kopenhagen. Nun endlich ist ihre Odyssee beendet: Die Figur steht vor dem Abgussmuseum im Hafen unweit des Admiral-Hotels – ohne Feigenblatt.

Zwei andere Gaben fanden bei den Kopenhagenern sehr viel mehr Zuspruch: der Gefionbrunnen des Bildhauers Anders Bundgaard (1864–1937) in der Nähe der Langelinie zum 50-jährigen Carlsberg-Jubiläum (1897) und die berühmten Lurenbläser (von Siegfried Wagner), die 1914 auf dem Rathausmarkt aufgestellt wurden. Die beiden Carlsberg-Stiftungen wollten mit diesem Geschenk an den 100. Geburtstag von J. C. Jacobsen 1911 erinnern. Es wird erzählt, dass die Wikinger ins Horn stoßen, wenn eine Jungfrau vorbeigeht. Kaum jemand wird sie je blasen gehört haben.

Auch den Storchenbrunnen in der Fußgängerzone „Strøget" verdanken die Kopenhagener Carl Jacobsen. Hier tanzen die Hebammen herum, wenn sie ihre Examen bestanden haben.

Der leidenschaftliche Kunstmäzen Carl Jacobsen ist heute sicherlich bei vielen Kopenhagenern in Vergessenheit geraten und doch hat er mit seinen zahlreichen und bedeutenden Kunstgaben, die überall in der Stadt verstreut sind, sich selbst ein Denkmal (oder treffender: viele Denkmale) gesetzt.

Das Wahrzeichen Kopenhagens, die Kleine Meerjungfrau, ist das bekannteste Geschenk, das über das Bier finanziert wurde. Es erntete im Michelin-Reiseführer sogar drei Sterne, was bedeutet, dass allein die „Lille Havfrue" einen Besuch von Dänemarks Hauptstadt wert ist.

Auch die zweite große Brauerei Dänemarks, Tuborg, setzte sich ein Wahrzeichen. Zur Nordischen Industrieausstellung in Kopenhagen (1888) wurde damals im Tivoli eine 26 Meter große hölzerne Bierflasche als Aussichtsturm mit Fahrstuhl errichtet. Sie steht heute noch auf dem ehemaligen Fabrikgelände in Hellerup und lässt Vorbeifahrende träumen! In den umliegenden Hallen – dem Experimentarium – können sich die Besucher mit allerlei wissenschaftlichen Phänomenen beschäftigen – zur Freude ganzer Familien.

Heute sind die großen Carlsberg Brauereien und die Brauerei Tuborg vereinigt und bilden einen international agierenden Konzern.

Sagen Sie „Skål" – und haben Sie keine Gewissensbisse dabei. Sie tun es für einen guten Zweck …

Birgit Sippell-Amon

Das Märchen von der Kleinen Meerjungfrau an der Langelinie

„Weit draußen im Meer ist das Wasser so blau wie die Blätter der schönsten Kornblume und so klar wie das reinste Glas. Aber es ist sehr tief, tiefer als irgendein Ankertau reicht. Viele Kirchtürme müssten aufeinandergestellt werden, um vom Grund bis über das Wasser zu reichen. Dort unten wohnt das Meervolk."

So beginnt Hans Christian Andersens Märchen „Die kleine Meerjungfrau", eine der schönsten und anrührendsten unter den vielen unsterblichen Geschichten, die dieser Dichter geschaffen hat. Erstmals wurde die Erzählung um die jüngste der sechs Töchter des Meerkönigs 1837 in der Sammlung „Märchen, für Kinder erzählt" veröffentlicht.

Die jüngste Schwester „war die Schönste von allen; ihre Haut war so klar und zart wie ein Rosenblatt, ihre Augen so blau wie die tiefste See, aber ebenso wie alle die anderen hatte sie keine Füße, ihr Körper endete in einem Fischschwanz. Sie war ein seltsames Kind, still und nachdenklich, und während die anderen Schwestern sich mit den merkwürdigsten Sachen, die aus gestrandeten Schiffen genommen waren, putzten, wollte sie nur, außer ihren rosenroten Blumen, die der Sonne dort oben glichen, ein schönes Marmorbild haben. Es war ein herrlicher Knabe, aus weißem, klarem Stein gehauen, der beim Stranden auf den Meeresboden gesunken war." Für die kleine Prinzessin gab es keine größere Freude, „als von der Menschenwelt dort oben zu hören, die alte Großmutter musste ihr alles erzählen, was sie wusste von den Schiffen und Städten, Menschen und Tieren. Ganz besonders wunderbar und herrlich erschien es ihr, dass oben auf der Erde die Blumen dufteten, denn das taten sie auf dem Meeresboden nicht, und dass die Wälder grün waren und die Fische, die man dort auf den Zweigen sieht, so laut und lieblich singen konnten, dass es eine Lust war. Es waren die kleinen Vögel, die die Großmutter Fische nannte, denn sonst hätten es die Kinder nicht verstehen können, da sie nie einen Vogel gesehen hatten."

An ihrem fünfzehnten Geburtstag darf die kleine Seeprinzessin zum ersten Mal an die Meeresoberfläche hinaufsteigen. Hier verliebt sie sich in einen schönen Menschen-Prinzen, den sie im Sturm vor dem Ertrinken rettet. Sie trägt ihn durch die aufgewühlte See und bringt ihn wohlbehalten an Land in eine weiße Sandbucht: „Die Meerjungfer küsste seine hohe, schöne Stirn und strich sein Haar zurück, sie dachte, dass er dem Marmorbilde unten in ihrem kleinen Garten gliche, und sie küsste ihn wieder und wünschte, dass er doch leben möchte."

Die kleine Meerjungfrau verliebt sich so unsterblich in den Prinzen, dass sie um seinetwillen das Meer – ihre Heimat – für immer verlassen will. Sie möchte ihn für sich gewinnen und durch seine Liebe eine unsterbliche Seele, wie die Menschen sie besitzen, erhalten. Die Meerhexe kann ihr statt ihres Fischschwanzes zu zwei Beinen verhelfen, doch warnt sie sie: „Bedenke aber", mahnt die Hexe, „hast du erst menschliche Gestalt bekommen, so kannst du nie wieder eine Meerjungfer werden! Niemals wieder kannst du durch das Wasser zu deinen Schwestern niedersteigen und zu deines Vaters Schloss. Und wenn du die Liebe des Prinzen nicht erringst, [...] so bekommst du keine unsterbliche Seele! Am ersten Morgen, nachdem er sich mit einer anderen vermählt hat, muss dein Herz brechen, und du wirst zu Schaum auf dem Wasser." Der Preis, den die Meerhexe für die Verwandlung fordert, ist hoch: „Du hast die herrlichste Stimme von allen hier unten auf dem Meeresgrunde, damit willst du ihn bezaubern, hast du dir wohl gedacht, aber die Stimme musst du mir geben.“ Die kleine Meerjungfrau willigt ein und ist fortan stumm.

Ein Trank der Hexe verschafft der Meerjungfrau die ersehnte menschliche Gestalt. Von den Schmerzen der Verwandlung an Land ohnmächtig geworden, erwacht sie erst am nächsten Morgen – vor ihr steht der Prinz. Er ist freundlich zu ihr, die ja nicht mit ihm sprechen, sich ihm nicht erklären und nicht für ihn singen kann. Nur tanzen kann sie für ihn: „Da hob die kleine Meerjungfer ihre schönen, weißen Arme, erhob sich auf den Zehenspitzen und schwebte über den Boden hin, und sie tanzte, wie noch keine getanzt hatte. Bei jeder Bewegung offenbarte sich ihre Schönheit anmutiger, und ihre Augen sprachen tiefer zum Herzen als der Gesang der Sklavinnen. Alle waren entzückt, besonders aber der Prinz, der sie sein kleines Findelkind nannte, und sie tanzte fort und fort, ob auch bei jedem Male, wenn ihr Fuß die Erde berührte, sie einen Schmerz fühlte, als ob sie auf scharfe Messer träte.“ Doch der Prinz wird eine andere heiraten. In der Nacht vor der Hochzeit steigen ihre Schwestern aus dem Meer auf. Sie haben der Meerhexe ihre herrlichen langen Haare geopfert, damit ihre Schwester nicht sterben muss: „Sie hat uns ein Messer gegeben. Hier ist es! Siehst du, wie scharf es ist? Bevor die Sonne aufgeht, musst du es dem Prinzen ins Herz stoßen, und wenn sein warmes Blut über deine Füße spritzt, wachsen sie zu einem Fischschwanz zusammen und du wirst wieder eine Meerjungfer, kannst zu uns ins Wasser herniedersteigen.“ Die kleine Meerjungfrau aber kann den geliebten Prinzen nicht töten. Und so wird sie zunächst zu Wasserschaum verwandelt und dann zu einer Tochter der Luft, die sich, wenn sie dreihundert Jahre lang danach gestrebt hat, Gutes zu tun, selbst eine unsterbliche Seele erringen kann.

Zum Glück ist die Kleine Meerjungfrau immer wieder zurückgekehrt aus ihren luftigen Höhen, um auf der Erde ihre Spuren zu hinterlassen. Am bekanntesten ist ihr bronzenes Abbild, das an Kopenhagens Langelinie steht. Diese Skulptur ist jedoch nicht unmittelbar Andersens Märchen entwachsen, sondern auf dem Umweg über das Tanztheater entstanden. Denn schon fast hundert Jahre bevor der Choreograf und Leiter des Hamburg Ballett, John Neumeier, zum 200. Geburtstag des Dichters 2005 seine Version dieser Geschichte auf die Bühne brachte, hatte am 26. Dezember 1909 im Königlichen Theater in Kopenhagen das Märchenballett „Die kleine Meerjungfrau" seine festliche Premiere. Der dänische Komponist und Geiger Fini Henriques (1867–1940) hatte die Musik geschrieben; die Titelpartie wurde von Ellen Price de Plane (1878–1968) getanzt.

Dänemarks größter Kunstmäzen, der Brauer Carl Jacobsen (1842–1914), wohnte der Premierenvorstellung bei. Jacobsen, der Besitzer der 1906 wieder vereinigten Carlsberg Brauerei, war ein großer Bewunderer von Ellen Price und sehr angetan von ihrer Darstellung der Kleinen Meerjungfrau. Wenig später, vermutlich Anfang Januar 1910, erhielt der junge Bildhauer Edvard Eriksen (1876–1959) die Aufforderung, ins Königliche Theater zu kommen. Dort wurde er von Carl Jacobsen empfangen, der ihm Folgendes mitteilte: „H. C. Andersen hat ‚Die kleine Meerjungfrau' in der Literatur geschaffen, Fini Henriques in der Musik, Frau Jerichau in der Malerei und Frau Price im Tanz. Nun sollen Sie sie als Skulptur schaffen."

Dass Jacobsens Wahl auf Eriksen fiel, ist kein Zufall. Die Arbeiten des Bildhauers waren ihm bekannt, zwei seiner Figuren waren vom Staatlichen Kunstmuseum angekauft worden, außerdem war dem Künstler der ehrenvolle Auftrag erteilt worden, drei Marmorstatuen für das Grabmal von König Christian IX. und dessen Ehefrau Louise im Dom zu Roskilde zu schaffen. Der

Mäzen, der eine Vorliebe für die Skulptur hatte, hielt sicher auch Eriksens naturalistische Darstellungsweise mit der Betonung der klassischen Linien und den fein ausgearbeiteten Details als besonders geeignet für diese Aufgabe. So kam man nach diesem ersten Treffen überein, dass Eriksen einen Entwurf vorlegen sollte. Damit sich der Bildhauer in die Aufgabe einleben konnte, besorgte Jacobsen ihm und seiner Frau Eline Freikarten für eine der Vorstellungen, in denen Ellen Price die Kleine Meerjungfrau tanzte. Die Tänzerin schickte dem Brauer Jacobsen zudem ein Foto von sich in der Rolle. Der antwortete ihr: „Hochgeehrte Meerjungfrau! Herzlichen Dank für das Bild, das wirklich bezaubernd ist. Wenn nur der Bildhauer seine Sache so gut macht wie das Modell!“ Mit dem Wort „Modell“ bezog er sich wohl nur auf das Vorbild und die Inspiration, die Ellen Price dem Bildhauer mit ihrem Tanz gegeben hatte. Für den ersten Entwurf in Ton, der im Frühjahr 1910 fertiggestellt war, benötigte Eriksen zunächst ohnehin kein Modell. Das Tonmodell existiert leider nicht mehr, aber es gibt als Illustration zu einem Interview mit Eriksen eine Abbildung in der Zeitung „Politiken“ vom 13. September 1910. Dort sieht man die Meerjungfrau auf einem Stein sitzen, doch mit Menschenfüßen und ohne Fischschwanz. In dem Interview erklärt Eriksen, Jacobsen sei „sehr zufrieden“ gewesen, was aber wohl nicht ganz der Wahrheit entspricht. Denn die Frage, ob Fischschwanz oder Menschenfüße, führte offensichtlich zu Meinungsverschiedenheiten. Während der Mäzen darauf beharrte, dass eine Frau mit Menschenbeinen eben keine Meerjungfrau sei, wollte der Bildhauer die Märchenfigur nach ihrer Verwandlung zeigen. Diese Verwandlung machte immerhin die Rückkehr zu den Eltern und Schwestern unmöglich. Die Sehnsucht nach der Liebe des Prinzen und einer unsterblichen Seele sowie die Trauer über den Verlust des bisherigen Lebens hatte Eriksen allerdings schon dem Tonmodell in den wehmütigen Blick gelegt.

Der Brauer und der Bildhauer trennten sich in Uneinigkeit. In einem Interview mit „Dagens Nyheder" erinnerte sich der Künstler viele Jahre später, am 9. März 1936, einen Tag vor seinem 60. Geburtstag: „Er wollte bestimmte Änderungen, ich lehnte ab. Er schien sich darüber zu ärgern. Aber am nächsten Tag bekam ich einen Brief von ihm, in dem er schrieb: ‚Meine Erfahrung sagt mir, dass es am besten ist, wenn Künstler das tun können, was sie wollen.'" Eriksen fügte noch hinzu: „So machte ich es so, wie er es wollte. Und es zeigte sich, dass er recht hatte." Im Grunde haben die beiden jedoch einen Kompromiss gefunden: Die Kleine Meerjungfrau hat zwar Beine („die niedlichsten kleinen weißen Beine, die nur ein Mädchen haben kann", wie es in Andersens Märchen heißt), aber ihre Füße sind zu Flossen geworden.

Zunächst blieb die Arbeit an der Meerjungfrau allerdings liegen; Eriksen beschäftigte sich mit den Marmorfiguren für den Dom zu Roskilde. Es scheint, dass erst das besagte Interview im September 1910 den Stein wieder ins Rollen brachte. Jacobsen schrieb an Eriksen, der ihm offensichtlich den Zeitungsausschnitt zugesandt hatte: „Hr. Edvard Eriksen. Ich kann dem Bild der Meerjungfrau nicht entnehmen, ob es sich um das kleine Modell handelt, das ich im Frühjahr gesehen habe, oder um eine größere Figur? Ich würde nun gerne wissen, wie weit die Arbeit fortgeschritten ist. Die Frage nach dem Preis ist, soweit ich mich erinnere, auch noch nicht geklärt." Nun stürzte sich der Bildhauer in die Arbeit. Schon sechs Wochen später meldet ein Artikel in der Zeitung „Politiken", dass „die kleine Meerjungfrau des Bildhauers Eriksen schon existiert und fertig in seinem Atelier steht." Dem Artikel ist ebenfalls ein großes Bild von Ellen Price in der Rolle der Meerjungfrau beigefügt. Darüber, dass sie Modell gesessen haben könnte, wird allerdings kein Wort verloren. Zwar hatte Eriksen in dem Interview vom 13. September 1910 vollmundig angekündigt, dass „Frau Price de Plane bei den weiteren Arbeiten Modell sitzen werde“, doch offensichtlich hatte er dies nicht mit der Tänzerin abgesprochen. Sowohl der Künstler selbst als auch seine Frau Eline und Ellen Price haben Edvard Eriksens Sohn Egon, der eine Biografie seines Vaters geschrieben hat, mündlich versichert, dass das Gerücht, die Tänzerin habe Modell gesessen, falsch sei. „Eine königliche Solotänzerin sitzt nicht nackt Modell für einen Künstler“, so Ellen Price. Es war Eriksens Frau Eline gewesen, die ihrem Mann für die Kleine Meerjungfrau Modell gesessen hatte wie auch für seine anderen Arbeiten. Der Sohn Egon sieht in der Kleinen Meerjungfrau mit ihrem wehmütigen, träumenden Gesichtsausdruck eine auffallende Ähnlichkeit zu seiner Mutter.

Im Laufe des Jahres 1911 wurde die Kleine Meerjungfrau bei dem Hofbronzegießer Carl N. G. Rasmussen in Bronze gegossen. Nun sollte sie ihren Platz an der Langelinie einnehmen. Laut Edvard Eriksen hatte Carl Jacobsen den Plan, die Skulptur in einem künstlichen Wasserbecken, umgeben von Blumen, aufzustellen. Der Bildhauer selbst aber hatte die kühne Idee, die Meerjungfrau auf einem Stein sitzend in ihrem natürlichen Element zu platzieren. Zunächst reagierte der Brauer ablehnend. Er hatte große Bedenken, die Bronzeskulptur im Meer aufzustellen, wo sie den Wellen des Øresunds und im Winter dem Eisdruck ausgesetzt wäre. Doch dann wurde auch er von der Idee gepackt und machte sich mit seiner ganzen Energie daran, sie in die Tat umzusetzen. Erik Erstad-Jørgensen, damals als Gartenarchitekt für die Stadt Kopenhagen zuständig, erhielt den Auftrag, die Uferlinie anzulegen und dort zu bepflanzen, wo die Meerjungfrau stehen sollte. Eine Probeaufstellung am 15. September 1912 ergab, dass die Figur am vorgesehenen Platz zu tief und zu nah am Ufer stand. Es verging noch fast ein ganzes Jahr, bis die Anlage und die Uferpromenade zum Empfang der Meerjungfrau fertiggestellt waren.

In „Politiken“ wird ausführlich über die Aufstellung der Skulptur am 23. August 1913 berichtet. Mehrere Hundert Menschen versammelten sich, als die Kleine Meerjungfrau im Beisein von Carl Jacobsen, der zur Feier des Tages im weißen Anzug, eine rote Rose in der Hand, erschien, und Edvard Eriksen an die Stelle der Hafeneinfahrt gebracht wurde, wo sie seither auf dem Stein sitzt und mit träumerischer Wehmut aufs Meer hinausschaut.

In den Jahren während des Ersten Weltkriegs, als alle Grenzen geschlossen waren, wurde die Kleine Meerjungfrau zum Liebling der Kopenhagener und zum Ziel ihrer Langelinie-Spaziergänge. Als nach dem Krieg mehr und mehr ausländische Besucher nach Kopenhagen strömten, entdeckten auch sie die Skulptur für sich, die in den 1920er- und 1930er-Jahren zu internationaler Berühmtheit gelangte. Für die Dänen ist und bleibt sie das Nationalsymbol Nummer eins, wie eine Umfrage der Tageszeitung „Berlingske Tidende“ ergab. Auf den weiteren Plätzen folgen die bunten Fachwerkhäuser mit Reetdach, die roten Briefkästen der dänischen Post und dann schließlich die typischen roten Würstchen, die Pølser.

Eine so prominente Meermaid bleibt natürlich auch nicht von Unbilden verschont, die jedoch ihre Berühmtheit eher noch steigerten: 1961 wurde der Fischfrau ein Bikini aufgemalt, zwei Jahre später war sie plötzlich mit Farbe übergossen – ein Schicksal, das ihr 1976 und 2007 erneut widerfuhr. Doch es kam noch schlimmer: 1964, als ihr der Kopf abgesägt wurde, brachte sie es sogar auf die Titelseite der „New York Times“. Der Aktionskünstler Jørgen Nash bekannte sich 1997 in seiner Autobiografie zu der Tat von 1964 – er habe den Rummel um „die Heilige Jungfrau der dänischen Tourismusindustrie“ nicht mehr ertragen können. 1998 saß die Nixe wieder enthauptet auf ihrem Stein, der Kopf wurde jedoch kurz darauf in gutem Zustand gefunden und ihr zurückgegeben. Dazwischen war ihr 1984 der rechte Arm abgesägt worden. Und am 11. September 2003 wurde die Skulptur zunächst vom Sockel gesprengt und dann ins Wasser gestoßen, wobei sie leichte Blessuren davontrug.

Angesichts dieser Attentatsserie ist es nicht verwunderlich, dass es Überlegungen gibt, die Meerjungfrau noch weiter ins Meer hinaus zu versetzen – ein Vorhaben, das von der Zeitung „Berlingske Tidende" mit folgender Bemerkung kommentiert wurde: „Würde man die Jungfrau jetzt umsetzen, wäre es so, als ob man sich in Dänemarks Nationalfahne die Nase schnäuzen würde."

Ziemlich sicher ist, dass die legendäre Nixe, eines der meistfotografierten weiblichen Wesen der Welt, im Jahr 2010 auf große Fahrt gehen wird: Dann soll sie bei der Weltausstellung in Shanghai den dänischen Pavillon schmücken.

Der Ruhm der Kleinen Meerjungfrau weckte natürlich Begehrlichkeiten, doch Edvard Eriksen schob insofern einen Riegel vor, als er festlegte, dass die Nixe in Originalgröße ausschließlich seiner Geburtsstadt Kopenhagen vorbehalten bleiben sollte. Außerdem verfügten er und seine Frau Eline 1953 testamentarisch, dass „nur nachgelassene originale Werke zur Reproduktion benützt werden dürfen". Da der Künstler selbst kleinere Modelle herstellte, ist der Meerjungfrau-Nachschub rund um den Globus gesichert. Heute steht die Kleine Meerjungfrau im Zentrum eines Unternehmens mit elf Angestellten, das von den Erben Edvard Eriksens betrieben wird. Für jede Nach- oder Abbildung sind Tantiemen zu zahlen.

Solange Edvard Eriksens originale Gussformen erhalten bleiben, ist die einzig echte und wahre Meerjungfrau auf ihrem Stein an der Langelinie wirklich unsterblich und gegen Anschläge gewappnet; mit neuen Köpfen hat sie schließlich bereits Erfahrung. So kann sie getrost in die Zukunft schauen und auf das Meer hinaus, das an manchen Tagen wie im Märchen „so blau [ist] wie die Blätter der schönsten Kornblume und so klar wie das reinste Glas."

Kurt Tucholsky

1372 Fahrräder

Ein Polizeipräsidium ... das ist so ein muffiger Kasten mit langen Korridoren, mit unzählig vielen Türen, und alle Zimmer sind schlecht gelüftet, die Leute sind unfreundlich, und man ist froh, wenn man wieder draußen ist. Ausnahmen gibt es vielleicht. Eine Ausnahme gibt es sicher: Das ist das Polizeipräsidium in Kopenhagen.

Ein bezauberndes Stück Architektur. Ein Riesengebäude, das zwölfeinhalb Millionen Kronen gekostet hat; sauber, sachlich, einfach und praktisch. Es hat einen kreisrunden Hof, der zum schönsten gehört, was man sich denken kann. Wenn, wie man mir erzählt hat, der Geist der Verwaltung ebenso ist wie diese Architektur ... glückliches Dänemark!

Und in diesem Polizeipräsidium haben sie unten im Erdgeschoss die verlorenen Fahrräder eingesperrt. Da hängen sie. Kopenhagen, wie männiglich bekannt, ist die Stadt der Fahrräder; es soll Kopenhagener geben, die keines besitzen, aber das glaube ich nicht. Wenn die Kinder anderswo zur Welt kommen, schreien sie – in Kopenhagen klingeln sie auf einer Fahrradklingel. So viele Fahrräder gibt es da.

Im Polizeipräsidium hängen 1372 Fahrräder, alle mit dem Kopf nach unten, wenn das nicht ungesund ist! Alte und junge, fröhliche und traurige, auch die Kinderabteilung: Da hängt ein kleiner „Roller", mit dem die Kinder spielen, und drei Motorräder sind auch da. Alles das wird monatlich einmal verauktioniert.

„Ja, holen sich denn die Leute ihre Räder nicht ab?" – „Nein", sagt der dicke Mann vom Präsidium, „viele nicht. Sie kaufen sich einfach ein neues. Ein Fahrrad, was ist denn das!" In Kopenhagen scheint es den Wert eines Zahnstochers zu haben.

Die langen Räume des Polizeipräsidiums, in denen die Fahrräder hängen, erinnern an einen Hundezwinger. Verlaufene Räder … ich rühre eines an, leise dreht sich das Vorderrad … wem gehörst du? Schade, dass Fahrräder nicht mit dem Schwanz wedeln können.

So ein Rad bringt nachher auf der Auktion nicht viel ein, zwanzig Kronen etwa. Dafür kann man es schon wieder verlieren.

Wenn man es aber nicht verliert, dann fährt man damit, und in Kopenhagen kann man sich für sein Fahrrad Luft kaufen. Wie bitte? Luft kaufen, ganz richtig. Der Fahrradmann geht an eine automatische Pumpe, wirft fünf Öre hinein und pumpt sein Rad voll. Das trinkt und dann rollt es vergnügt weiter. So ein Land ist das.

Da hängen sie. Alle an langen Gestellen, und sie sind doch so verschieden voneinander. Manche sehen zornig aus, manche heiter, manche schlafen. Man müsste Andersen bitten, hier einen Nachmittag lang herumzugehen – was gäbe das für ein hübsches Märchen! Ob Fahrräder lebendige Junge bekommen?

Da hängen sie. Sauber und freundlich ist es, praktisch und vernünftig eingerichtet. Schade, dass in den Staaten der Welt nicht alles so gut funktioniert wie die Fundbüros. Es wäre eine Freude zu leben. Hundert Meter weiter, im selben Haus, werden Menschen aufbewahrt: Untersuchungsgefangene. Und das sieht dann gleich anders aus. Mit 1372 Fahrrädern ist eben leichter fertig zu werden als mit vier lebendigen Menschen.

Wenn Sie aber nach Kopenhagen kommen, dann versäumen Sie nicht, sich das Polizeipräsidium anzusehen. Man wird es Ihnen gern zeigen und Sie werden an Paris denken müssen: an jene staubige Festung auf der Cité, wo geronnener Angstschweiß an den Wänden klebt und wo man Ihnen einen Unterricht in französischer Unhöflichkeit gibt, einer sehr seltenen Sache, daher wird sie den Fremden auch zuerst gezeigt.

Ja, Kopenhagen ... Ob Fahrräder schwimmen können? Es wäre ja denkbar, dass die 1372 eines Nachts ausbrächen, dann rollen sie mutterseelenallein durch die Stadt, an den Hafen, stürzen sich ins Wasser, durchschwimmen die See, von der ich nie lernen werde, wie sie heißt: Kattegat oder Großer Belt oder Kleiner Belt, und dann fahren sie dahin, nach dem Festland, wo sie gleich in eine politische Partei eingereiht werden. Am nächsten Morgen kommt der dicke Mann in den Fahrradzwinger, findet ihn leer und kratzt sich hinter den Ohren. Am Abend sind alle Fahrräder wieder da: Es hat ihnen drüben nicht gefallen.

Das kann man keinem verdenken. Grüß Gott, Kopenhagen ...!

Kurt Tucholsky

Glückliches Kopenhagen, eine Oase in der Wüste

Ein Mann fiel vom Mond. Die Deutschen legten ihn sofort herüber auf die rechte Straßenseite; die Franzosen fragten: „Vous venez de la part de qui?"; die Italiener zogen sich scheu zurück, denn sie hielten ihn für einen Spitzel Mussolinis. Eine dänische Dame näherte sich, beschnupperte ihn und sagte flüsternd: „Ist das nicht Frau Johansens geschiedener Mann?" ... Hierauf begab sich der Mann wieder zurück zum Mond.

Heiligabend saß ich in einem Restaurant im Kopenhagener Hauptbahnhof. Vergnügte Junggesellen aßen dort und auch einige Hausfrauen, die an diesem 24. ohne Haushaltsarbeiten sein wollten. Sie saßen wie auf einer Insel, umspült vom Meer kinderreicher Familien. In diesem Bahnhof bin ich oft angekommen. Und nun sitze ich da und denke darüber nach, warum ich so gerne hier ankomme.

Für den Fremden ist der Hotelportier der Bürgermeister der Stadt. Der Gast weiß nur wenig von den Sorgen seines Wirtes. Er geht nur herum, versucht Geschäfte zu machen, und das gelingt nicht immer; er versucht sich zu amüsieren, und das gelingt meistens, wenn er Geld hat. Was ist das Besondere an Kopenhagen?

Die schönen Frauen? Die haben bestimmt nicht auf Herrn Panter gewartet, der ihnen mitteilt, dass sie schön sind. Sie sind genauso, wie sich die Germanen eine Französin vorstellen, die wiederum viel hausbackener ist als ihr Ruf. Die Dänin ist reizend konsequent inkonsequent. Ihre Treue reicht sogar zur gleichen Zeit für mehrere aus.

Geh durch die Straßen dieser Stadt, und du bemerkst Heiterkeit und Leichtigkeit und siehst so viele Vorkriegszeit-Gesichter. Hier sehen die Menschen aus, wie sie aussahen, als es noch ein Europa gab, das richtige Europa, durch das man ohne Pass reisen konnte. Aber das ist schon lange her, das klingt wie ein Märchen. Kopenhagen ist eine Stadt, die ihren Kopf in der hellsten Gegenwart trägt, während die Beine sachgemäß in dänische Erde gepflanzt sind. Die ist *noch*, und die ist *schon*. Kopenhagen ist *Gestern*, *Heute* und *Morgen*.

Die Möwen schweben über dem Fischmarkt, einige von ihnen haben sich auf Krügen und Tellern der Porzellanmanufaktur niedergelassen, und dort führen sie ein dekoratives Dasein. In vielen alten Häusern schreibt man viel moderne Literatur, große Schiffe segeln durch die hochgezogenen Brücken, und die Radfahrer warten mit einem Bein auf dem Boden, bis sie vorbeigefahren sind. Liva Weel nimmt, hoppla, ihr Publikum zur Brust und spielt virtuos auf ihrer Gefühlsharmonika. Dort sitzen vier Damen in einem Zimmer und erzählen sich Klatschgeschichten. Klatsch, sage ich Ihnen, der einem eine vierfache Gänsehaut den Rücken herunterlaufen lässt. Und plötzlich stößt die eine der anderen eine lange Stricknadel der Boshaftigkeit ins Herz. Wenn Witze töten könnten, ganz Kopenhagen wäre eine tote Stadt.

Sind die Menschen hier boshafter als anderenorts? Nein, aber etwas, das ich „soziale Verknüpfung“ nennen möchte, ist hier dichter als in anderen Städten, fast so dicht wie in Paris. In Berlin leben die Leute gegeneinander, in Paris leben sie ineinander, in Kopenhagen leben sie miteinander. „Aha, Sie wollen uns auch erzählen, dass wir kleine Engel sind und Choräle singen?“ Nein, Herr Kopenhagener, keine Engel. Aber das gesellige Interesse unter denen, die zum gleichen Kreis gehören, ist sehr groß. Ihr habt eine sehr homogene Bevölkerung, die nicht in so feindliche Kasten oder Klassen aufgeteilt ist, wie man es in vielen anderen Ländern antrifft.

Das kann man hervorragend im Theater beobachten. Welch ein Publikum! Das ist, als ob alle nur einen Nerv hätten, als ob dort unten nur ein Ding säße und reagierte … Und wie es reagiert! Die Engländer lachen schon, wenn ein Kellner über die Bühne geht. Der Franzose ist so unnaiv wie ein Kind. Aber die Dänen erfühlen den Schauspieler mit den Nervenspitzen, das ganze Parkett zittert leicht, und der, der etwas kann, hat die Leute in seiner Hand; sie folgen ihm, und jeder Zuschauer ist eine Taste auf der Orgel der Schauspielkunst. Welch ein Publikum!

Das ist nur möglich, weil die Leute einander so nah sind; sie verstehen einander. Es ist nicht weit von einem Dänen zum anderen. Angeblich soll es Leute geben, wo der eine so weit von dem anderen entfernt ist, dass sie sich nur mit einem Maschinengewehr erreichen können. In Kopenhagen genügt ein Witz …

Ein Reisender, der die Sonntage seines Lebens in einer fremden Stadt verbringt – er müsste den Alltag ganz und gar kennen, um mitreden zu können.

Was ist es, das durch die Straßen Kopenhagens flattert? Was ist es, das hier vor sich geht?

Sie kommen mir vor wie ein Volk, das gerne lacht, weil sie sich schämen zu weinen, worüber der Nachbar anschließend lachen könnte! Die Krise schleicht sich durch Europa, ja, es ist wahr, niemandem von uns geht es besonders gut. Ist Dänemark davon ausgenommen? Es entsteht ein leises Geräusch: das sind die Kaufleute, die sich um Forellen prügeln; nein, sie sind nicht von der Krise ausgenommen; sie leiden noch viel stärker unter ihr. Und doch haben sie es viel besser als die Londoner, die nun Europa vollständig den Rücken gekehrt haben; denn England, jenes große Venedig, interessiert sich jetzt für seine Kolonien, und Neuseeland liegt für sie viel näher als unser ganzer Kontinent.

In Paris heben die Menschen den Kopf, weil einige Räder nicht mehr surren: Die Amerikaner fehlen an der Riviera, die Engländer bevölkern nicht länger die Hotels so zahlreich wie zuvor, und die Deutschen kommen einfach nicht. Das kostet den Franzosen viel Geld; sein Ehrgeiz ist es nicht, in so hohem Maße viel zu verdienen – er will weniger ausgeben als andere. Und das gelingt ihm ja auch hervorragend. Aber in Dänemark hält sich das alte Gleichgewicht so einigermaßen.

Sind die großen Städte so verschieden? Reise durch Europa, geh durch die großen Städte London, Paris, Berlin, Stockholm – schneller, schneller – immer noch schneller. Ein Wirbel bleibt in deinem Kopf zurück, überall wird gekämpft und geliebt, gekauft und bestochen, zerstört und wieder aufgebaut. Die Börsen murmeln in jeder Stadt, die gleichen Dummheiten flimmern über die Kinoleinwände – sind die Städte so verschieden voneinander, wie sie glauben? Sie sind es nicht. Wir hatten ein Europa. Leichtsinnig zerstörten wir dieses Europa, weil unsere Technik vom Jahrgang 1932 ist und die Staaten erst von 1850.

Aber in diesem ganzen grauen Tumult gibt es einige lichte Flecken, in der Wüste gibt es einige Oasen – Kopenhagen, Europas Insel – sei gegrüßt!

„Was habt ihr nur gemacht, dass es euch so gut geht?"

Ihr habt das Herz der Demokratie bewahrt, und deshalb: Danke, Dänemark!

Tania Blixen
Rungstedlund

Der Landsitz Rungstedlund, zu dem ein ausgedehntes Parkgelände gehört, liegt am Strandweg in Rungsted, nördlich von Kopenhagen. Der älteste Teil des Besitzes stammt von etwa 1680 und wurde lange Zeit als Gasthaus mit zugehöriger Landwirtschaft betrieben. Karen Blixens Vater, Wilhelm Dinesen, erwarb 1879 Rungstedlund als Wohnsitz für seine Familie. Hier verbrachte Karen Blixen (1885 geboren, wählte den Vornamen Tania als Pseudonym) ihre Kindheit und Jugend, und hierher kehrte sie 1931 nach ihrem 17 Jahre währenden Afrika-Aufenthalt zurück. Sie lebte bis zu ihren Tod am 7. September 1962 in Rungstedlund. Seit 1991 dient der Landsitz als Museum für die weltberühmte Schriftstellerin. In dem großen Park, der als Vogelreservat ausgewiesen ist, findet man ihr Grab.

Wir sitzen in dem alten Rungsteder Krug, einem der ältesten Häuser – vielleicht dem allerältesten Haus – zwischen Kopenhagen und Helsingør.

Nordseeland ist auf eine andere Weise als das übrige Land mit unserer Vergangenheit der letzten fünfhundert Jahre verbunden. Hier geht es nicht, wie in Jütland oder auf Fünen, um die Vergangenheit einzelner großer Güter und Familien – Nordseeland war Besitz der Krone und wurde von „des Königs Kopenhagen" geprägt. Die Wälder waren königliche Jagdparks und die großen Landstraßen hier hießen Königswege. Wo immer man in Nordseeland von einer Anhöhe aus über das Land schaut, kann man Stätten der dänischen Geschichte und der dänischen Literaturgeschichte ausmachen. Hier liegt Gurre (See und Schloss im Nordosten Seelands), wie eingehüllt in einen Schleier dänischer Liebeslyrik von den Volksliedern an bis hin zu Holger Drachmann. Hier lagerten vor dem Sturm auf Kopenhagen die Truppen von Karl X. Gustav (König von Schweden, 1622–1660, überquerte 1657/58 den Øresund) wie die Raubvögel vor einem Vogelnest und dramatische Ereignisse in der Widerstandsbewegung der damaligen Zeit zogen Verbindungslinien zwischen Søllerød, Humlebæk und Kronborg. Karl XII. (König von Schweden, 1682–1718) ging hier in Humlebæk an Land. Hier auf dem Königsweg von Kopenhagen nach Helsingør fuhr die unglückliche Caroline Mathilde (Ehefrau Christians VII. von Dänemark, ging ein Liebesverhältnis mit dessen Leibarzt und Ratgeber J. F. Struensee ein, der 1772 hingerichtet wurde, sie selbst wurde auf das Schloss Celle verbannt) in der Karrete nach Kronborg und von hier aus konnte man den Flammenschein am Himmel sehen beim Bombardement Kopenhagens im Jahre 1807. Und dann gehört der Dyrehavs-Bakke (Vergnügungspark) noch dazu mit romantischen und munteren Tönen aus Oehlenschlägers „Johannisabend-Spiel“. Hier, den ganzen Strandvej von Kopenhagen bis Helsingør entlang, suchten im Oktober 1943 die Juden Zuflucht in Villen und Reihenhäusern, und hier half man ihnen, an Bord von kleinen Fischerbooten nach Schweden überzusetzen. Der Fuhrmann Juul hier in Rungsted – der deshalb in das Konzentrationslager Frøslev kam – und die anderen Fuhrleute des Ortes gingen von Haus zu Haus und klingelten: „Heute Nacht versuchen sie, bei Snekkersten ein Boot auslaufen zu lassen. Morgen gibt's eine Möglichkeit in Skovshoved.“

Man kann auch überraschende Zeugnisse aus viel früherer Zeit finden, aus der man keine Namen einzelner Menschen kennt. Als der Strandvej hier bei

Rungsted begradigt wurde, musste ich einen alten Steinwall verlegen und mein treuer Kutscher Alfred Petersen, der 65 Jahre auf Rungstedlund gearbeitet hat, rief mich herbei und zeigte mir einen Stein, der bis dahin mit der flachen Seite nach innen gelegen hatte; er meinte, auf dem Stein „wäre etwas". Ich bezweifelte das, aber Alfred blieb bei seiner Feststellung, bis ich Professor Brøndsted (1890–1965, Direktor) im Nationalmuseum anrief und ihm sagte, ich hätte einen Stein „mit etwas drauf" – einem Arm und einer Hand, einer Linie, die sich zu fünf Linien verzweigte, deren eine wie ein Daumen im rechten Winkel zu den anderen verlaufe. „Ich komme sofort raus", sagte Professor Brøndsted. Er wollte den Stein gern für sein Nationalmuseum haben, aber ich fand, er sollte dort bleiben, wo irgendein Mensch früher einmal gesessen und ihn bearbeitet hat. Der Professor hat ihn dann ausgeliehen und für eine Abhandlung fotografiert. Er hat mir erzählt, die Ritzzeichnung auf dem Stein sei zwischen 2500 und 3000 Jahre alt; er sagte auch, das Zeichen sei wirklich eine Hand, eine Götterhand und ein Schutzzeichen. „Merkwürdig", sagte ich, „nach der Stellung des Daumens zu urteilen, ist es eine linke Hand." – „Nein, das ist keine linke Hand", sagte er. „Es ist eine rechte Hand von der Handfläche aus gesehen. Das Göttliche befindet sich im Innern des Steins." Jetzt liegt der Stein unter einem großen Baum im Garten, Archäologen aus Norwegen und Schweden sind hier gewesen, um ihn sich anzusehen.

Die eigentliche „Küste" hat sich im Laufe der Zeit verändert, sie ist gezähmt worden und wirkt heute sehr brav und wohlerzogen. Früher war sie ein Streifen vom Winde zerzausten Landes mit einer Vegetation aus Pappeln und Heidekraut, der Strandvej war ein unsicherer Fahrweg, der direkt am Meer entlangführte, vorbei an strohgedeckten Häusern und Netztrockenplätzen der Fischer – heute hat sie sich in eine fast ununterbrochene Reihe von schmucken Villen und

Gärten verwandelt, deren Besitzer in Kopenhagen ihren Geschäften nachgehen.

Aber das Fahrwasser davor sieht heute so aus wie in den allerältesten Tagen. Es ist der Øresund, „Dänemarks Landstraße, das Tor zum Norden". Ich habe in meinem Leben die verschiedensten Meerengen kennengelernt, die Straße von Gibraltar und das Bab Al Mandab. Wenn ich dann aber den Øresund wiedersah, dachte ich: „Du unterscheidest dich von allen anderen, denn nur du hast den dir eigenen blauen offenen Blick." Es ist ein Privileg, am Øresund zu wohnen.

Der Krug von Rungsted lag etwa auf der Mitte des Weges zwischen Kopenhagen und Helsingør und ist sicher von Anfang an Ausspann und Ruheplatz für die Wagen der Frachtleute und Reisenden gewesen. Schon unter Christian II. (1481–1559, König von Dänemark) erhielt er das königliche Privileg und Christian IV. (1577–1648) erteilte Villum Carram Brief und Siegel auf „den neuen Runsti Krug mit allen Äckern und Wiesen, die daran liegen, samt 100 Wagenladungen Holz aus Windbruch und freie Waldmast für die eigenen Schweine, wogegen er Herberge halten solle für Inländer und Ausländer, sodass wegefahrende Männer nichts zu beklagen hätten." Später schenkte die Königin Sophie Amalie (Ehefrau Frederiks III., 1609–1670) ihrem Kammermädchen Philix „das Rundstedte Wirtshause", wogegen sie eine jährliche Abgabe in Form von zweieinhalb Tonnen Dorsch leisten musste. Der Fischbestand auf dem Anwesen selbst wurde mit 4500 Karpfen und 18 000 Karauschen veranschlagt – ich weiß nicht, was sie mit diesen Karauschen angefangen haben, die Teiche im Garten sind noch heute voll davon, aber wenn man sie isst, hat man das Gefühl, mit Stecknadeln gespickte Watte im Mund zu haben.

Ein gelehrter französischer Reisender auf dem Wege nach Schweden schrieb im Jahre 1700, der Krug von Rungsted sei der hübscheste auf der ganzen Wegstrecke. Besonders lobt er die Hundekammer, sodass man annehmen darf, dass Hunde damals wie heute eine Sonderstellung auf Rungstedlund einnahmen. Hinter dem Haus, sagt er, lag ein großer Garten von seltener Schönheit mit einer Anhöhe.

Der Krug besaß die Lizenz, Branntwein zu brennen – während der Pest von 1710, wo alle Dörfer abgesperrt waren, erhielt der Krüger Matthias Frigast die Erlaubnis, Bier und Branntwein draußen vor dem Krug auf dem Strandvej zu verkaufen. Von der Lizenz hat man im Laufe der Jahre in dem Krug so ausgiebig Gebrauch gemacht, dass der *Alderman*, der Vorsitzende der Branntweinbrennergilde von Hørsholm, sich eines Tages mit seinen Knechten einstellte und den Branntweinkessel versiegelte. Der Krugwirt bekam ihn jedoch bald darauf zurück. Sicher sind hier so manche deftige Witze und Weisen abgefeuert und so manch ein Zinnbecher mit Branntwein – und manch ein dralles Schankmädchen – geschwungen worden, große Schlägereien hat es gegeben und lästige, torkelnde Gäste wurden vor die Tür gesetzt. Aber mich freut der Gedanke, dass müde Fuhrmannspferde die letzte Wegstrecke vor Rungstedlund wiedererkannt und gewusst haben, wo sie bald durch das Tor einbiegen und zu Tränke und Krippe geführt werden. Damals gehörte Landwirtschaft zum Krug und ein Pferdestall, ein Kuhstall, ein Schweinekoben und eine Scheune bildeten ein unregelmäßiges Viereck um das Gebäude herum, das nun als einziges übriggeblieben ist und dessen Flügel und Grundmauern sicher die gleichen sind wie im Jahre 1600. Die Wirtschaftsgebäude von Rungstedlund brannten alle in einer Sommernacht des Jahres 1898 nieder, ich selbst sah sie abbrennen. Als Kind habe ich noch die Pferde des Hofes an ihnen vorbei zur Schwemme geritten.

Das Wohnhaus selbst ist sicher nie von einem Architekten geplant oder entworfen worden, es ist gewissermaßen von alleine gewachsen und je nach dem wechselnden Geschmack der verschiedenen

Generationen verschönert worden. Immer wieder bricht es über mir zusammen und immer wieder stütze ich es ab. Professor Steen Eiler Rasmussen (1898–1990, Architekt und Schriftsteller), mein Nachbar in Rungsted, hat Rungstedlund besonders viel Interesse und liebevolles Verständnis entgegengebracht; er erklärt mir, diese und jene Einzelheit stamme aus dem Jahre 1800 oder 1850. Als plötzlich eine Decke herunterfiel und darüber eine merkwürdig primitive Konstruktion zum Vorschein kam, erzählte mir der Professor, so habe man in den Jahren nach dem Staatsbankrott 1813 gebaut, und das leuchtete mir sehr ein. Es ist ein für heutige Begriffe höchst unpraktisches Haus mit ebenso viel „Niemandsland" – Gängen, Treppen und Anrichten – wie Wohnräumen.

Trotzdem muss Rungstedlund etwas bewahrt haben von der Süße seiner hundert Sommer und der Gemütlichkeit seiner Winter. Schon oft haben Ausländer, die hier zu Besuch waren, in ihren Briefen von meinem „unvergesslichen Haus" gesprochen. Ein amerikanischer Intelligence-Officer, der nach der Befreiung mein erster Gast aus der großen Welt war, schrieb: „Ich bin drei Wochen lang in Ihrem Land gewesen, ohne irgendeinen eigentlichen Eindruck von ihm gewonnen zu haben. Als Sie mir aber Ihr Haus und Ihren Garten zeigten, gaben Sie mir den Schlüssel zu Dänemark."

Zu Rungstedlund gehören sechzig Morgen Garten, Gehölz und Grasland, das Ganze wirkt – inmitten der gepflegten Gärten des Strandvejs – eher wie eine Wildnis. Um den Teich herum und am Graben im Garten wuchert ein ganzer Wald von den gleichen großen Kletten, wie die, unter denen „Die glückliche Familie" H. C. Andersens wohnte. Auf einer großen friedlichen windgeschützten Koppel laufen Pferde und Kühe frei herum. Unter den vielen alten Bäumen hat sich ein besonders üppiger Pflanzenteppich gebildet, der einem Waldboden gleicht, mit Anemonen, Schlüsselblumen und Veilchen. Das ganze Gelände steigt nach Nordwesten hin an, dort liegt die „Ewalds Höhe".

Das Kaminfeuer in der Gaststube des Rungsteder Krugs ist vor mehr als vierhundert Jahren zum ersten Mal angezündet worden und im Laufe der Jahre verlosch es so manches Mal und wurde wieder angezündet. Aber es hat doch stets auf die gleiche Weise Licht und Schatten in diesem Raume spielen lassen. Es hat auf viele unterschiedliche Menschen geschienen, die über vielerlei Dinge miteinander geredet haben.

Hørsholms Heimatforscher Rosted berichtet in einer merkwürdigen Geschichte über Gespräche, die hier stattgefunden haben. Kirstine Munk (1598–1658), Christian IV. Gemahlin zur Linken, entdeckte, dass der König den Verdacht hegte, nicht er, sondern der Rheingraf sei der Vater des Kindes, das sie erwartete. Sie wählte mehrere Male den Rungsteder Krug für ihre Treffen mit dem schwedischen Residenten Johann Fegræus, um ihm von ihren Schwierigkeiten mit dem königlichen Gemahl zu berichten, ja, um anzudeuten, dass sie bereit sei, ihm mitzuteilen, was sie über dessen geheime Pläne gegen Schweden wüsste, wenn ihr dafür Zuflucht beim schwedischen König gewährt würde. Der Feuerschein ist über das rote Brokatkleid der schönen ränkevollen Frau und über die aufmerksame Miene des schwedischen Diplomaten gehuscht.

Von Zeit zu Zeit meinte ich, die dunkle, steife, schmale Gestalt eines Mannes vor der Feuerstelle zu erblicken. Er hat dort sicher nicht viel gesprochen, er war eine der einsamsten Gestalten der ganzen Weltgeschichte und wird vermutlich schweigend in die Glut gestarrt haben. Der achtzehnjährige König Karl XII. von Schweden – derjenige, der, um mit Frans G. Bengtson (1894–1954, schwedischer Autor) zu sprechen, „in der Fabrik entstanden ist, wo noch Könige gemacht wurden und die heute stillgelegt ist" –, er hatte sich auf seinem allerersten Adlerflug auf Dänemark gestürzt und im Rungsteder Krug Quartier genommen. Ob er wohl in der Glut gewaltige Bilder von dem Siegeszug durch Europa gesehen hat, der Schweden zum „Mittelpunkt des Universums" machen sollte? Den furchtbaren, weißen russischen Winter und die Gefangenschaft in der Türkei hat er vermutlich nicht darin erblickt – sah er seinen einsamen wilden „Königsritt" nach Hause in ein verarmtes Land, das vierzehn Jahre lang ohne König gewesen war, und seinen einsamen, mysteriösen Tod vor Frederikssten?

Und dann ereignete sich 1773, ohne dass das Haus selbst es bemerkte, das für den Rungsteder Krug Bedeutendste in seiner ganzen Lebenszeit, das, was ihm ein langes, in die kommenden Jahrhunderte hineinreichendes Leben schenken sollte.

An einem Tag im zeitigen Frühjahr kam, vermutlich mit einem der Frachtwagen aus Kopenhagen, ein schmaler junger Mann beim Krug an und bezog Logis beim Fischermeister Ole Jacobsen und seiner Frau. Wahrscheinlich waren dem einige Verhandlungen mit seiner Familie, die ihn hier herausschickte, vorausgegangen; diesen hatten sie entnommen, dass ihr Gast wohl so etwas wie das schwarze Schaf der Familie war – fast noch ein Kind, war er von zu Hause fortgelaufen, um in ausländische Kriegsdienste zu gehen, und jetzt trat er in Kopenhagen als Müßiggänger, Dichter und Zechbruder auf. Ihre Aufgabe war es, ihm den Branntwein abzugewöhnen – das scheint ihnen allerdings nie gelungen zu sein. Es waren aber gute, verständnisvolle Menschen, sie gewannen mit der Zeit ihren Gast lieb. Er hieß Johannes Ewald (1743–1781, dänischer Lyriker). Im Krug von Rungsted, sagt er, hatte er Umgang mit „dem gemeinen Mann, Seeleuten und Fischern", der Klasse Menschen, die in gewissem Sinne die geringste genannt wird, die aber in einem anderen, und zweifellos wahreren, Sinne die höchste ist. Den Fischern von Rungsted und ihren Frauen und Kindern war seine junge schwächliche Gestalt wohlvertraut, wenn er im Frühlingswind den Strand entlangging, nach den Schiffen Ausschau hielt und die fremden Flaggen zu benennen wusste, oder ganze Sommertage lang auf der Bank auf der Anhöhe im Garten des Kruges saß und die Arbeit und den Gesang des Melkers auf der Weide beobachtete. Sie sahen oder ahnten, dass etwas in ihm war, dem sie bis dahin bei Menschen noch nicht begegnet waren: Unsterblichkeit. Und die Gabe, die Landschaft um sich her unsterblich werden zu lassen, den Gesang der Vögel, die Rosen, das leuchtende oder dunkel drohende Meer und sie selbst mit ihm. So arm, krank, einsam und vor Liebeskummer unglücklich er auch war, er hatte doch die Kraft in sich, mit der Unsterblichkeit, die er dem allen verlieh, eines der hinreißendsten Worte der Sprache zu verbinden: Glückseligkeit. „Rungsteds Glückseligkeit", die Ode von Johannes Ewald. Die meisten von Ihnen kennen sicher Teile dieses Gedichtes, das so leicht und frei wie der Gesang im Baum beginnt: „Wo Vöglein auf Matten, / Das Nestchen verratend, hinschweben"; das dann wie ein dröhnendes Unwetter über die Landschaft hinwegzieht und in der letzten Strophe in der Hinwendung zu der einen in unvergleichliche Süße und Innerlichkeit mündet. Er wohnte drei Jahre als Pensionsgast im Krug von Rungsted, mein Arbeitszimmer, das nach Osten geht, heißt „Ewalds Stube". Er hat den Rungsteder Krug schweren Herzens verlassen, heute hat man das Gefühl, man könnte ihm jederzeit auf der Koppel begegnen oder seine Schritte durch das Haus gehen hören.

Die Zeit ging weiter über das alte Gasthaus hinweg. 1879 kam ein anderer junger Mann aus fremden Landen heim und ließ sich in Rungstedlund nieder. Das war Wilhelm Dinesen, mein Vater, der als siebzehnjähriger Leutnant bei der Danevirke und bei Düppel gestanden, später als französischer Offizier den französisch-deutschen Krieg mitgemacht und unter der Pariser Kommune gesehen hatte, wie Barrikaden errichtet wurden und französisches Blut in französischen Straßen floss. Er hatte Europa und seiner Zivilisation den Rücken gekehrt und drei Jahre unter Indianern in Nordamerika gelebt, ohne einen einzigen Weißen zu Gesicht bekommen zu haben. Er war ein tüchtiger, erfolgreicher Pelzjäger gewesen, gab aber das Geld, das er verdiente, wieder für seine indianischen Freunde aus. Die Indianer nannten ihn „Boganis". Unter diesem Namen schrieb er hier auf Rungstedlund seine „Jagdbriefe" – das Tagebuch eines Jägers, voller Liebe zur Natur, zu den Jahreszeiten, dem Wild und den Vögeln, zum Kampf, zur Einsamkeit und zur Frau. Er heiratete die schöne junge Ingeborg Westenholz von dem Gut Matrup bei Horsens, meine Mutter. Mutter hat mir erzählt, als sie von der Hochzeitsreise nach Hause kamen und unter den Bäumen an der Koppel entlanggingen, sagte er zu ihr: „Was immer in Zukunft geschieht, denke daran, dass wir am letzten Tag des Monats Mai hier angekommen sind und es hier wunderschön war und du glücklich gewesen bist."

Ich war zehn Jahre alt, als mein Vater starb. Sein Tod war für mich ein Schmerz, wie ihn wohl nur Kinder empfinden. Ich glaube, ich war sein Lieblingskind, und er meinte, ich sei ihm ähnlich. Er nahm mich mit, wenn er über seine Felder ging, wenn er im Wald einen Rehbock durch Blatten anlockte oder das Moor nach Schnepfen durchstöberte mit seinen beiden Griffon-Hunden Osceola und Matchitabano, die nach zwei alten ihm befreundeten Indianer-Häuptlingen benannt waren. Ich erinnere mich deutlich, wie er mich lehrte, die einzelnen Vogelarten zu unterscheiden, und mir von den Zugvögeln erzählte [...].

Ich habe den Eindruck gewonnen, dass Rungstedlund vorwiegend den Zugvögeln gehört. Die Jahreszeiten werden hier in erster Linie von deren Ankunft und Abreise geprägt. Wie oft habe ich nicht in den Nächten um die Frühjahrs- und Herbsttagundnachtgleiche vor dem Haus gestanden und gehört, wie ihr Zug über das Dach hoch in den Himmel stieg.

Auch die menschlichen Bewohner des Hauses waren Zugvögel. Sie reisten weit fort und kamen hierher nach Hause zurück. Der junge Johannes Ewald ist auf sehr unfertigen Flügeln nach Deutschland und Österreich geflogen und nach Rungstedlund heimgekehrt – ein Singvogel, der am schönsten sang, wenn es stockfinster war –, und es war wunderschön hier und er war glücklich. Der junge Wilhelm Dinesen, Boganis, ist hinausgeflogen zu den Schlachtfeldern Europas und den Prärien Amerikas und nach Rungstedlund heimgekehrt. Ich selbst bin fortgereist, um ein halbes Menschenleben auf dem afrikanischen Hochland zu verbringen, und bin zurückgekommen.

Knud W. Jensen

Mein Louisiana-Leben – Werdegang eines Museums

Hier ist der Ort

An einem Herbsttag des Jahres 1954 machte ich einen Spaziergang in der Nähe meines Hauses in Sletten am Øresund. Der letzte Besitz, an dem ich auf dem Gammel Strandvej vor der Humlebæker Kirche vorbeikam, war Louisiana. Einige Jahre vorher hatte ich mir eine Sommerwohnung im Gärtnerhaus, das direkt an der Straße lag, angesehen. Ich kannte also das Anwesen und hatte mit seinem Eigentümer gesprochen, dem Gutsbesitzer, Leutnant und Zahnarzt P. Busky-Neergaard, einem barschen, sommerlich weiß gekleideten alten Herrn in Jacke und Knickerbockers gleichen Modells wie auf den Bildern der Skagener Malerschule. Abgesehen von dem Hofplatz und der nicht besonders attraktiven Wohnung im Gärtnerhaus hatte ich damals nicht viel zu sehen bekommen.

Jetzt sahen alle Gebäude abgeschlossen und verlassen aus. Von Neugier gepackt, sprang ich über den weißen Gartenzaun, mein Hund Trofast folgte mir.

Das Anwesen war offensichtlich schon längere Zeit nicht mehr bewohnt, und der Park war die reinste Wildnis. Es war, als wäre man in den Park um Dornröschens Schloss eingedrungen oder um Miss Havishams Haus in Dickens „Große Erwartungen". Über die holprigen Rasenflächen gelangte man in einen Obstgarten, dessen krumme, wild wachsende Apfel- und Birnbäume hier und da noch ein paar schorfige, zählebige Früchte trugen. Sie schmeckten aber gut, es waren feine Sorten, deren Namen zierlich auf ovale Porzellanschildchen gemalt waren. Drei Wellenlinien auf ihrer Rückseite verrieten, dass sie aus der Königlichen Porzellanfabrik stammten.

In der äußersten Ecke des Obstgartens stand hoch überm Øresund ein achteckiger Pavillon, in dem vermutlich die Herrschaften einst bei schönem Wetter den Nachmittagstee serviert bekamen.

Hinter dem Gärtnerhaus lagen eine verfallene Fasanerie und einige Hühnerställe, und ein Stück weiter im nördlichen Ende des Parks ein langes, ebenfalls seit Jahren unbenutztes Treibhaus. Die Aussicht zum Øresund versperrten hohe Mauern, die die Sonnenwärme für einen großen Rosengarten auffangen und speichern und gleichzeitig Schutz gegen den Ostwind bieten sollten.

Unterhalb des Hangs lag direkt vorm Strand ein ganz von Gestrüpp überwucherter Tennisplatz, im Halbdunkel waren hier und da noch Reste des alten Drahtzauns zu erkennen. Es musste schon ein Menschenalter her sein, dass hier weiß gekleidete Herren und Damen am sommerlichen Øresund Tennis gespielt hatten. Der Strand war mit Strandhafer und Heckenrosen bedeckt. Ein schmaler, zugewachsener Pfad führte durch das Gestrüpp. Er wurde offenbar von Nachbarn benutzt, die zum Hafen wollten. An den Hängen standen – und stehen heute noch – bis zum Strand hinunter hohe Buchen, ein seltener Anblick für die Øresundküste. Der Südhang unter dem Rosengarten war mit halb unter Schlinggewächsen und Unkraut erstickten, seltenen immergrünen Büschen bewachsen.

Im Westen fiel der Park gegen einen kleinen Waldsee ab, auf dessen entgegengesetztem Ufer der Friedhof zu sehen war. Ein Bach, der Humlebæk, hatte auf der Louisianaseite ein sumpfiges Delta gebildet, das mit undurchdringlichem Gebüsch bewachsen war. Es bedeckte eine große Fläche und breitete sich an den schilfbestandenen Ufern aus. Am Rand des Sees nisteten Wildenten zwischen den vielen abgebrochenen Ästen, die Jahr für Jahr am Wasserrand liegen geblieben waren.

Ich durchkreuzte mit wachsender Euphorie diese abenteuerliche Wildnis. Stundenlang hielt ich mich zwischen den Obstbäumen auf, am Strand, im Rosengarten und zwischen den verfallenen Schuppen, wo Trofast und ich von Hühnerflöhen attackiert wurden.

Wie war es möglich, dass sich dieses Überbleibsel aus einer längst entschwundenen feudalen Vergangenheit, ein ganzer Besitz mit Gärtnerhaus, Ställen, Remisen, Treibhaus und Fasanerie, noch hier zwischen den getrimmten Villengärten hatte erhalten können? Zusammen mit See und Strand bestand das Anwesen aus ungefähr 20 Morgen Land von einer landschaftlichen Qualität, die ich selten an der Øresundküste gesehen hatte, obwohl ich mir einbildete, sie in- und auswendig zu kennen. Wer war der jetzige Besitzer des Hauses und was sollte mit dem Anwesen geschehen? Ich wurde von der Begierde ergriffen, es zu besitzen, koste es, was es wolle, und am selben Abend noch machte ich mich daran, zu untersuchen, ob sich mein Traum verwirklichen ließ.

Unser Leben wird von Zufällen gelenkt, aber einige davon führen wir selbst herbei. Wir bereiten uns bewusst oder unbewusst darauf vor. Wie zufällig Zufälle eigentlich sind, ist sehr die Frage. Hier war nun der Ort, von dem ich immer geträumt hatte und nach dem ich seit einem Jahr Ausschau hielt. Es sollte ein Anwesen oder Grundstück sein, in dem sich ein kleines Museum für moderne dänische Kunst einrichten ließ. Im Winter zuvor hatte ich darüber mit der Schriftstellerin Tania Blixen gesprochen, deren Anwesen Rungstedlund ebenfalls an der Øresundküste lag, und sie gefragt, ob sie für ein solches Museum einige Morgen Land von den Feldern Rungstedlunds zur Verfügung stellen würde. „Gibt es eine moderne Kunst?", hatte sie nachdenklich gefragt. Wir saßen in ihrem Winterdomizil, der Wohnung ihrer Schwester, Frau Ellen Dahl, in der Sølvgade, wo sie sich vor der Renovierung von Rungstedlund in den Wintermonaten aufhielt. „Gehen wir ins Kunstmuseum und sehen uns Matisse und Weie an", schlug ich vor. Das taten wir dann, Tania Blixen aber kam nie mehr auf die Frage zurück.

Gerade die Situation des staatlichen Kunstmuseums in diesen Jahren demonstrierte den Bedarf eines Museums für zeitgenössische Kunst. Der langjährige Direktor Leo Swane, der 1952 von Jørn Rubow abgelöst wurde, brachte neues Leben in eine Debatte, die seit der Jahrhundertwende wiederholt geführt worden war. Das Museum litt seit Beginn an Platzmangel. In den besten Sälen des Erdgeschosses machte sich die Sammlung von Abgüssen breit, die der Brauer Carl Jacobsen dem Museum geschenkt hatte. In seinem eigenen Museum, der Ny Carlsberg Glyptothek, zog er allerdings Originalwerke vor. In der nächsten Etage lagen zu den großen Lichthöfen hinaus die Gemäldesäle, an deren Wänden die Bilder in zwei, drei Reihen übereinander hingen. Die Magazine waren angeblich überfüllt und die meisten Neuerwerbungen moderner Kunst verschwanden sofort im dunklen Keller. Mehrere Kommissionen hatten in den vergangenen Jahrzehnten Vorschläge zur Behebung des Platzmangels ausgearbeitet – unter anderem war der Bau eines „Luxembourg-Museums" nach französischem Vorbild vorgeschlagen worden – aber keiner dieser gut gemeinten Ratschläge hatte eine Veränderung herbeigeführt.

Anfang der Fünfzigerjahre begann der Rundfunk mit seinem ersten Kunstfeuilleton, in dem die Frage gestellt wurde: „Was halten Sie vom Kunstmuseum?" Viele durften ihre Meinung äußern, zu meiner eigenen Verblüffung auch ich. Ich war nur Sammler in kleinem

Maßstab und Mitherausgeber einiger Kunstbücher, darüber hinaus war mein Name in der Kunstwelt unbekannt.

Das Staatliche Museum für Kunst war damals eine Institution, die man als gegebene Tatsache hinnahm. Wir gingen ab und zu hin, um bestimmte Werke zu sehen. Ausstellungen fanden, von wenigen Ausnahmen abgesehen, nicht statt. Das Museum sollte offenbar nichts anderes sein als eine überfüllte Schatzkammer im erhabenen Tempelstil des 19. Jahrhunderts. Man ging andächtig durch das Portal und stieg die olympische Marmortreppe hoch, begleitet von einem misstrauischen Blick des pompösen Türwächters in Dreieckshut und rotem Umhang mit Goldtressen.

War das der rechte Ort für die Kunst des 20. Jahrhunderts? Bei näherem Nachdenken – nein. In der Rundfunksendung schlug ich vor, im Randgebiet des Parks einen Komplex niedriger Museumssäle mit dem Rücken zur stark befahrenen Sølvgade zu bauen. Wohl wissend, dass Parks sakrosankt sind, schlug ich einen offenen Bau vor mit Skulpturenhöfen, Gartenanlage und Springbrunnen zwischen einzelnen der hohen alten Bäume – ein geschütztes Plätzchen für sonnenhungrige Spaziergänger und Mütter mit Kinderwagen.

Es kam keine Reaktion auf meinen Beitrag, denn wer will sich schon in den aussichtslosen Streit mit Parkanhängern einlassen, die niemals auch nur einen Fußbreit Erde abgeben wollen. Der neue Direktor des Museums griff den Vorschlag nicht auf, er hatte sich wohl auch um andere Dinge zu kümmern.

Ich selbst vergaß die Idee zuerst einmal, bis ich eines Tages auf die Rubrik „Museen“ im Branchenverzeichnis stieß. Mir fiel auf, dass fünfzehn Museen im Stadtkern innerhalb der alten Kopenhagener Wälle lagen. Ich wunderte mich, dass ich sie so selten besuchte. In der Tat kannte ich viele ausländische Museen besser. Das musste daran liegen, dass ich die Woche über im Zentrum arbeitete, mich aber sonntags fernhielt, wenn die Straßen der Stadt wie ausgestorben dalagen. Meine Generation hatte gelernt, dieser allwöchentlichen Depression zu entfliehen. Diese Haltung schuf keine guten Voraussetzungen für die Museen, die denn auch meist von Schulklassen und Touristen besucht wurden.

An einem der folgenden Tage kam mir der Einfall, selbst ein kleines Museum zu bauen. Ich machte mir auch gleich einige Notizen dazu. Das klang ja reichlich ambitiös, und darum sprach ich mit niemandem darüber, aber utopisch war meine Idee nicht. In den Büros und Kantinen meines Unternehmens hing schon eine beachtliche dänische Sammlung, von der fünischen Malerschule der Jahrhundertwende bis zu den abstrakten Malern. Als Vorsitzender des neu gegründeten Vereins „Kunst am Arbeitsplatz" hatte ich die Erfahrung gemacht, dass Kunsteinkäufe nicht unbedingt große Investitionen erforderten. Für die vielen Wanderausstellungen des Vereins kauften wir meist junge Kunst.

In Kopenhagen ein Museum zu bauen schien mir von Anfang an ausgeschlossen. Das war zu teuer und zu prätentiös und außerdem gab es dort schon fünfzehn. Es sollte am Øresund liegen, wo ich immer den Sommer verbrachte, vielleicht in Strandholm, dem Anwesen meiner Eltern, das zwischen Vedbæk und Rungsted liegt. Aber ich konnte ja nicht die Familie aus ihrer Sommerfrische verjagen, das Grundstück war zudem mit Servituten belegt, die sicher einer solchen Verwendung im Wege ständen. Ich saß oft in meinem Segelboot und sah mir die großen alten Besitze an der Küste an. Warum mir Louisiana nie aufgefallen war, ist mir unbegreiflich. Vielleicht weil ich etwas suchte, das näher bei der Stadt lag – der Abstand zum Stadtzentrum kam einem damals weiter vor als heute. Sogar das Ordrupgaard-Museem mit seiner vorzüglichen Impressionisten-Sammlung, das bedeutend näher bei der Stadt lag, hatte nur 7000–8000 Besucher jährlich.

Wie sollte es erst einem Museum ergehen, das in Humlebæk lag? Aber die unerwartete Entdeckung Louisianas bestärkte mich in meinem Vorhaben und ließ mich alle Bedenken vergessen. Das war der Ort für das Museum. [...]

Die drei Louisen

Ich habe nicht besonders viel in Erfahrung bringen können über den Hofjägermeister Alexander Brun, der 1855 Louisiana baute, aber genug für ein flüchtiges Bild. Er war dreimal verheiratet und jedes Mal fand er eine Frau mit dem Namen Louise, damals vielleicht ein Modename. Das ist ja eine gute Geschichte, die denn auch viele Male erzählt wurde.

Es lag auf der Hand, diesen schönen Namen zu behalten. Ich konnte nicht gut den Ort Humlebæks Museum für Moderne Kunst oder Jensens Museum nennen, die Leute hätten sich totgelacht. Mochten sie lieber über den putzig poetischen Namen Louisiana lächeln. Die meisten glaubten erst, er habe etwas mit dem Staat Louisiana in Amerika zu tun. Ein Taxifahrer fuhr einmal aus Versehen einen ausländischen Gast, der das Museum besuchen wollte, in die Nervenheilanstalt Filadelfia am anderen Ende Seelands – etwas in der Richtung war Louisiana ja auch. Und im Laufe der Jahre landete ein Teil unserer Post auf der anderen Seite des Atlantiks.

Alexander Brun, der als Offizier an den Schleswiger Kriegen teilgenommen hatte, war ein „independent country gentleman". Er hielt sich, soweit mir bekannt ist, vom Gutsbetrieb auf Krogerup fern und stattdessen an seine Louisen und die Obst- und Bienenzucht im Park. Er war der erste Vorsitzende der skandinavischen Bienen- und Obstzüchter und offenbar sowohl ein kundiger als auch idealistischer Pionier auf diesem Gebiet. Zu den vielen Dienstbarkeiten, die auf Louisiana liegen, gehört die Verpflichtung aller zukünftigen Eigentümer, „unentgeltlich Pfropfreise der von Hofjägermeister Alexander Brun durch Kernaussaat hervorgebrachten, neuen vorzüglichen Birnensorten auszuhändigen". Als ich nach der Einweihung des Museums dieses gut bewahrte Geheimnis dem schwedischen Kunsthistoriker Ragnar Josephson anvertraute, rief er aus: „Exzellent, das dürfte das einzige Museum der Welt sein, in dem man gegen Vorweisen einer Eintrittskarte einen Pfropfreis verlangen kann." Das hatte Alexander Brun sich wohl nicht so vorgestellt, als er die Dienstbarkeit ins Grundbuch eintragen ließ, und jetzt ist es zugegebenermaßen schwer geworden, seiner Forderung nachzukommen. Die letzten Birnbäume wurden 1980 beim Bau des Südflügels gefällt.

Sowohl der Hofjägermeister als auch spätere Besitzer pflanzten viele seltene Bäume: Gingko, Atlaszeder, tibetanische Edeltanne, serbische Tanne, Nikkotanne und japanischen Ahorn – alle Erdteile waren vertreten. Wir sind diesen Baumliebhabern Dank schuldig für ihre Weitsicht, denn der Baumbestand gehört zu den größten Aktivposten Louisianas. Das Plateau zwischen dem Øresund und dem Waldsee, das 1807–11 durch das Aufschütten von Erde entstand, sodass sich zu beiden Seiten 10–15 Meter hohe Böschungen bildeten, ist mit Bäumen bepflanzt, die jetzt an die 35 Meter hoch sind und deren gewaltige Stämme sich dem Besucher einprägen. Bei jedem Bauprojekt haben wir uns die größte Mühe gegeben, möglichst viele von ihnen zu bewahren, und wir haben in der Tat nur einige wenige fällen müssen, aber andere fielen im Laufe der Jahre Stürmen und Pilzerkrankungen zum Opfer. [...]

Jetzt wurde ein Teil des Besitzes und der Sammlung einer Stiftung übertragen, der *Stiftung Louisiana*. Die Institution, die aufgebaut werden sollte, bedurfte der Unterstützung von vielen Seiten, aber ich konnte ja nicht überall herumgehen und um Kunstwerke und

Geldbeträge für mich selbst bitten. Das war jedoch nicht der einzige Grund, den Besitz zu verschenken. Ich hatte nämlich schon ein Jahr vor dem Kauf Louisianas eine Stiftung gegründet. Sie trug den Namen meines Vaters: Peter Jensen-Stiftung und sollte vornehmlich Literatur, aber auch bildende Kunst fördern. Plötzlich kam dieses Kuckucksei von Museum dazwischen und die Stiftung wurde für den neuen Zweck umgetauft und die Satzung geändert.

Der Sommer 1955 verging damit, sich von dem Kauf zu erholen, zu allen Tages- und Nachtzeiten im Haus und im Park herumzugehen und darüber nachzudenken, was jetzt zu tun war. Einmal Leimfarbe auf alle Wände und danach Bilder an die meisten, das war der erste Schritt. Dann wurden einige Räume möbliert und ein Flügel angeschafft.

Jetzt war Louisiana schon teilweise brauchbar. Dass der Schlüssel zur Haupttür vorne rechts in der Lampe lag, wussten zunächst einige wenige Bekannte, aber dies verbreitete sich und allmählich benutzten viele den Schlüssel, um sich die Bilder anzusehen. Robert Olesen zog mit seiner Familie in das Gärtnerhaus und begann, das Gestrüpp abzuholzen. Als Weihnachten kam, hielt ich ein Einweihungsfest für das embryonische Projekt Louisiana und lud alle meine Freunde ein. Wir aßen im Gartenzimmer, das später Eingang des Museums wurde, hier stand auch der Flügel. Während des Essens wurde eine „elysäische Festzeitung“ verteilt mit dem aufschlussreichen Titel „Illouisiana“, der auf die illusionsreichen Pläne des Gastgebers anspielte. Denn niemand – nicht einmal ich selbst – glaubte im Grunde, dass vorläufig aus diesem Leder eine Hose genäht werden könnte. [...]

Die Nachfeier ging weiter, es war noch Essen und Trinken im Haus, draußen brütete die winterliche Dunkelheit, wir hatten Zeit und das Fest endete nicht eher, als bis die letzten Gäste, der harte Kern, vor Erschöpfung umgesunken war.

Dieser musische Auftakt war ein gutes Omen. Aber wie kam ich weiter? Meine finanzielle Lage erlaubte mir vorläufig keine größeren Investitionen, aber eine gewisse Planung kostete ja nicht viel. Darum hielt ich nach einem Architekten Ausschau und fuhr in Kopenhagen und Umgebung herum, um mir Häuser anzusehen, die von den damals bekanntesten jüngeren Architekten gebaut worden waren. Am liebsten wäre mir ein Architekt in meinem Alter, also um die Dreißig gewesen, darum fiel die Wahl auf Jørn Utzon. Ich rief ihn an und erzählte von dem alten Besitz, den ich gekauft hatte und aus dem mit der Zeit ein Museum werden sollte, und bat ihn, einmal nach Humlebæk zu kommen, um zu sehen, welche Möglichkeiten darin lägen. „Ich habe keine Zeit", antwortete er. „Aber es eilt nicht, vielleicht in ein paar Monaten." Er: „Ich habe das ganze nächste Jahr keine Zeit." „Aber ich könnte ja mal bei Ihnen vorbeischauen, ich habe so viel von Ihrem Haus in Ellekilde gehört und möchte es mir gerne ansehen." Er darauf: „Tun Sie das nur, aber ich bin selten zu Hause, Sie können drum herum gehen und durch die Fenster hineinsehen, so viel Sie wollen."

Ich schlug mir Utzon aus dem Kopf, später erfuhr ich, dass er damals gerade den Auftrag für das Opernhaus in Sydney bekommen hatte, und ich konnte ihm nicht verdenken, dass er sich nicht so ohne Weiteres auf einen aufdringlichen Dänen einließ, der mit einem wilden Projekt daherkam. Gegen Ende des Winters erzählte mir ein früherer Schulfreund, der damals Kustos an der Glyptothek war, von dem jungen Architekten Vilhelm Wohlert. Er hatte auf der Grundlage von Studien in der Schweiz und in Italien die französischen Säle der Glyptothek umgebaut. Ich schaute mir die Säle an, sie gefielen mir und ich vereinbarte einen Termin mit Vilhelm Wohlert. Wir fuhren in seiner „Zitrone" nach Louisiana, es war Glatteis und ich erinnere mich, dass wir den Hügel in Vedbæk hinunterschlitterten, dass ich dachte: Weiß Gott, ob aus dem Museum noch was wird.

Vilhelm war begeistert von den Möglichkeiten in Louisiana und wir beschlossen, dass er erst eine Skizze für den Umbau des Haupthauses, der Remise und des Stalls – der noch Boxen für Reitpferde hatte – ausarbeitete.

Einige Tage später fragte er mich, ob ich damit einverstanden wäre, wenn sich Jørgen Bo an der Aufgabe beteiligte. Er sei ein Kollege mit ähnlichen Vorstellungen, er könne zu dem Projekt mit interessanten Ideen beitragen, und zusammen würden wir ein gutes Team ausmachen.

Winter und Frühjahr 1956 vergingen mit gelegentlichen Besprechungen, aber mittlerweile war ich mit viel dringenderen Problemen beschäftigt.

Ein schwerer Entschluss

Seit dem Tod meines Vaters 1944 hatte ich das Familienunternehmen weitergeführt und in den Jahren nach dem Krieg waren neue Betriebe hinzugekommen. Es war ein Konzern entstanden, der Käse, Kasein und Milchpulver exportierte. [...]

Ungefähr Mitte der Fünfzigerjahre verschlechterten sich die Zeiten und die Molkereigenossenschaften errangen eine führende Position auf dem Absatzmarkt. Mehrere Molkereiprodukte, beispielsweise Butter, waren ganz in der Hand der Genossenschaftsexportgesellschaften. In dieser Situation machte mir mein größter Kunde, die Kraft Foods Company, Chicago, die in den meisten europäischen Ländern Filialen hatte, das Angebot, meine Betriebe zu übernehmen. [...]

Ich entschloss mich zum Verkauf und wurde vom Käufer fair behandelt. Das lag auch an der Mitwirkung meines Anwalts Erik Pontoppidan, der sagte: „Wenn schon verkauft wird, dann zum höchsten Preis", und eines früheren Mitarbeiters, der loyal meinen Standpunkt vertrat und nach dem Verkauf Leiter des Unternehmens wurde. Meine Familie war natürlich nicht gerade begeistert, die Firma war 1897 von meinem Vater gegründet worden und es war vorgesehen, dass sie im Besitz der Familie bleiben sollte. Aber meine Mutter und meine beiden Schwestern beugten sich ohne Bitterkeit meinem Entschluss, nachdem ich sie über die Situation informiert hatte. […]

Im Juli 1956 wurde der wesentliche Teil des Unternehmens der Kraft Foods übertragen, die allerdings einige kleinere Firmen nicht mit übernehmen wollte, darunter die Milco Export AG, die Milchkonserven exportierte. Diese Gesellschaft wurde Eigentum der *Louisiana-Stiftung*, was später von großer Bedeutung für das Museum sein sollte, denn nur durch die Aktiengewinne der Milco konnte das Museum die zwölf Jahre überleben, bis wir staatlichen Zuschuss bekamen. […]

Voraussetzungen und Vorurteile

Ich war frei, erst vierzig Jahre und voll unbändiger Lust, mich den Rest meines Lebens mit Kunst zu befassen, der seit der Schulzeit mein besonderes Interesse gegolten hatte. Kein Doppelleben mehr, sondern eine neue Lebensweise, die ich mir selbst schaffen wollte. Louisiana und seine Zukunft lagen mir jetzt im Sinn. Die Aufgabe, ein Museum aufzubauen, war über alle Maßen verlockend. Aber die Rolle des Mäzens interessierte mich nicht. Die großen Mäzene des dänischen Kunstlebens, der Brauer Carl Jacobsen, der Gründer der Carlsberg-Glyptothek, der Zigarrenfabrikant Heinrich Hirschsprung und Wilhelm Hansen, der Kunst des Impressionismus gesammelt und Ordrupgård gebaut hatte, standen mir fern. Aus reinem, unverfälschtem Egoismus wollte ich künstlerisches Material in den Händen haben. Zwanzig Jahre hatte ich mich – so fand ich – für solch eine Aufgabe ausgebildet, über Kunst gelesen, Museen besucht, gesammelt, Freundschaften mit Künstlern gepflegt und mit ihnen in Ateliers diskutiert. In meiner Ausbildung als Geschäftsmann hatte ich die Hauptsprachen gelernt und eine gewisse praktische Erfahrung und Fähigkeit entwickelt, schnell zu reagieren. Diese Ausbildung und die Mittel des Verkaufs an Kraft Foods sollten jetzt in Louisiana investiert werden. Dass nichts von all dem genügte, dass mein künstlerischer Horizont zu begrenzt und meine Mittel unzureichend waren, entdeckte ich erst einige Jahre später. Aber das war im Grunde nicht so wesentlich. Sich bedingungslos in eine Aufgabe zu stürzen ist so befriedigend, dass man die Fehlgriffe in Kauf nimmt und versucht, einige davon zu korrigieren, wenn man sich darüber im Klaren ist.

Natürlich verpasste ich viele gute Investitionsmöglichkeiten, die Louisiana mehr genützt hätten als meine Einstellung, mich nicht mehr für meine finanzielle Lage zu interessieren. Das rächt sich in Form von Verlusten oder Stagnation. Geld ist der Rohstoff, den man braucht, um ein Museum zu machen.

Ich wandte der ausländischen Kunst bewusst den Rücken zu, hielt mein Wissen nicht auf dem neuesten Stand und reiste zu wenig in der Welt herum, um sehen zu können, womit sich andere Museen für moderne Kunst beschäftigten. 1954, als ich begann, mich für den Plan eines Museums zu interessieren, hatte ich eine große Ausstellung französischer Kunst in schwedischem Besitz in der Liljevalchs-Kunsthalle in Stockholm gesehen. Es waren viele gute Arbeiten der großen Namen darunter. Aber die dänische Kunst, mit der ich aufgewachsen war, sagte mir genauso viel und ich hatte außerdem kaum die Mittel, wirklich gute Arbeiten von Picasso, Braque, Léger, Kandinsky, Chagall oder den Surrealisten zu kaufen. […]

Aber der Entschluss, ausschließlich dänische Kunst zu sammeln und zu zeigen, was einheimische Künstler in Architektur, bildender Kunst und Design zu leisten vermochten, war gut durchdacht. Es war das, was ich wollte. Ich hatte den Horizont freiwillig eingeschränkt. Louisiana sollte eine neue Bastion der dänischen Kunst sein.

Jetzt hatte ich die Kunst als Fulltime-Job, wie meine Freunde, die Künstler, es zu meinem heimlichen Neid seit unserer Jugend gehabt hatten. Malen, Zeichnen, Dichten oder Komponieren konnte ich nicht, und ich fühlte mich in keiner Weise als Künstler. Eher als Kunstvermittler – allerdings auch nicht als Missionar. […] Wenn ich mich schon mit vierzig zu Studien und geruhsamem Lebensgenuss zurückzöge, würde ich es vermissen, mit Menschen zu tun zu haben, zu handeln, zu verlieren, Risiken einzugehen und gute wie schlechte Resultate zu sehen. Es gab nur einen Weg: Louisiana. Hier konnte ich Museumsleiter werden, so weit hätte ich es als Kunsthistoriker vielleicht nie gebracht.

Das Projekt nimmt Gestalt an

Im September 1956 fuhr ich mit Jørgen Bo und Bidda und Vilhelm Wohlert in die Schweiz und nach Norditalien, um Museen zu studieren. […]

Wie immer auf solchen Studienreisen stellt man mit Genugtuung fest, wie viele Fehler die anderen gemacht haben und wie wunderbar weit man es selbst bringen wird.

Als wir nach Hause kamen, waren wir uns einig, dass der rechte Augenblick gekommen war, das neue Louisiana am Reißbrett zu entwerfen. Ich stellte Jørgen und Vilhelm frei, das Museum nach eigenen Vorstellungen zu gestalten, bat sie aber, drei Dinge zu berücksichtigen: Im alten Hauptgebäude sollte der Eingang liegen und zum Waldsee ein Ausstellungssaal, und an den Rand des Hangs zum Øresund sollte eine Cafeteria kommen. […]

Dem Konzept nach war Louisiana ein echtes Kind der Fünfzigerjahre. Kunst sollte unzeremoniell, in mehr oder weniger alltäglicher Umgebung erlebt werden. Darum sollte das Museum ein großes, modernes Landhaus sein, das sich dem Brunschen Hauptgebäude anpasste, freundlich, in rustiken Materialien, weiß gekalktem Mauerwerk, Holz und Klinkern, offen zur umgebenden Parklandschaft und zum Sund. [...]

Die Eröffnung am 14. August 1958

Die Tage vor der Eröffnung mussten wir Freunde und Bekannte mobilisieren, um fertig zu werden. In mehreren Gruppen hängten wir Bilder auf und stellten Skulpturen auf ihre Plätze und gleichzeitig wurde die Sammlung aufgefrischt und teilweise konserviert. Jeden Tag kam Steen Bjarnhof, schon damals in Skandinavien der führende Konservator für moderne Kunst, mit seinen Gehilfen, auch Waschmannschaft genannt. Sie gingen alle Bilder durch, bevor sie aufgehängt wurden, und entfernten Staub und Nikotinschichten von der Oberfläche.

Am Tag vor der Eröffnung hingen noch nicht alle Bilder an den Wänden und als die Kunstkritiker erschienen, drückten wir ihnen Hammer und Nägel in die Hand und baten sie, ehe sie mit ihren Notizen anfingen, die Bilder im alten Haus aufzuhängen. Pflichtschuldigst machten sie sich an die Arbeit.

Die beiden Architekten des Museums hatten natürlich ebenfalls alle Hände voll zu tun, besonders Vilhelm Wohlert, der für die Kunstgewerbe- und Möbelsammlung verantwortlich war. Vierzig Möbeldesigner und Formgestalter waren zu diesem Zeitpunkt in der Sammlung repräsentiert und einzelne Räume waren bestimmten Künstlern wie Hans Wegner, Børge Mogensen, Finn Juhl und Poul Kjærholm gewidmet. In der Cafeteria wurden Bestecke und Geschirr von Designern wie Magnus Stephensen und Arne Jacobsen verwendet. Es war alles in allem ein recht umfangreicher Versuch, dänisches Design in einem Museumsmilieu zu gebrauchen, aber nachdem eine Viertelmillion Menschen die Dinge benutzt hatte, waren viele davon in einer solchen Verfassung, dass sie – nach einem Jahr – entfernt werden mussten. Als wir dann die großen Wechselausstellungen machten, war es nicht mehr möglich, die verschiedenartigen Möbel instand zu halten. Damit ging etwas von der ursprünglichen Idee verloren.

Den vielen, die an der Entstehung des Museums mitgewirkt hatten, den Architekten, Handwerkern, Künstlern, Designern, Sammlern, Behörden, Museumskollegen und persönlichen Freunden, sollte bei der Eröffnung des Museums Dank ausgesprochen werden. Die Räume des Hauses reichten für eine solch große Eröffnungsfeier nicht aus, darum mieteten wir ein Zelt, das zwischen Haupthaus und Obstgarten aufgebaut wurde. An dem warmen Spätsommertag strömten dann schließlich 400–500 Menschen in die Säle, sahen sich Bilder und Skulpturen an, zerstreuten sich im Park, um das Museum von außen zu sehen – was schwer war, da Bäume und Sträucher es schon damals verbargen –, und versammelten sich schließlich im Zelt. Das „Danske Blæserquintett" spielte Musik von Carl Nielsen und ich dankte unseren Geburtshelfern, besonders den Architekten, wonach der Unterrichtsminister das Museum für eröffnet erklärte. [...]

Louisiana wird fertiggebaut

Aus Louisiana war Kopenhagens Museum für moderne Kunst geworden. Seit dem Beginn 1958 waren die Gebäude organisch wie eine Pflanze, die neue Schößlinge treibt, erweitert worden und umschlossen nun in einem langen Halbkreis den alten Park. Die *Louisiana-Stiftung*, die das Grundkapital des Museums ausmacht, hatte allmählich ihre Investitionen konsolidiert. Wir hatten eine gesunde und lebensfähige Institution geschaffen.

Freddy Langer

Calder in der Meeresbrise

Es war einer dieser Tage, die für Dänemarks Wetter nicht untypisch sind, auch wenn einen die Erinnerung anderes glauben machen will und sich der Ostsee-Himmel in Gedanken stets als blaue Plane über Strand und Hügel, Dünen und Meer spannt, mit ein paar winzigen weißen Flecken dort, wo Möwen vorübergleiten. Nun aber lag der Himmel wie Blei über der Küste. Die Wolken waren so düster und schwer, dass man sich am liebsten geduckt hätte. Obwohl es nicht regnete, war die Luft nass. Auf den Skulpturen von Alexander Calder lag die Feuchtigkeit wie eine dünne Schicht Lack.

Drei Calder-Plastiken stehen auf der Terrasse des Cafés von Louisiana, des berühmtesten Kunstmuseums Skandinaviens und des vielleicht schönsten Museums der Welt. Zwei sind schwarz und massig, zusammengesetzt aus dicken Platten. Die eine heißt „Fast ein Schneepflug", die andere „Zarte Rippen". Die nach oben sich verjüngenden Formen verleihen den beiden Werken einen Anflug von Leichtigkeit, dennoch kann kein Zweifel daran bestehen, wie sehr sie im Boden verwurzelt sind. Das ist mit dem Mobile „Little Janey-Waney" anders. Wie eine Rakete auf drei schlanken Beinen erhebt sich zwischen den schwarzen Ungetümen die zarte Konstruktion aus rotem Ständer und schwarzem Gestänge, an dessen Ende Metallscheiben hängen wie die Ruder eines Schiffs oder das Leitwerk eines Flugzeugs, eines blau, das andere gelb.

Ein Messgerät von Meteorologen könnte so aussehen. Auch eine Signalstation, die mit ihren Schilden Anweisungen hinaus aufs Meer gibt, den Øresund, hinter dem sich bei gutem Wetter die schwedische Küste als grüner Streifen zwischen Wasser und Himmel zu erkennen gibt. Doch davon war nun nichts zu sehen. Auch fuhr kein Schiff vorüber. Das Meer lag ruhig da und schwieg. Und der Wind blies so mäßig, dass die Stange am oberen Ende der Skulptur nur sacht wippte, statt zu kreiseln. Was sich anhörte wie das Stöhnen eines verrosteten Scharniers, war in Wirklichkeit der Ruf einer unzufriedenen Möwe auf dem Dach des Cafés. Sie würde heute vergebens auf Kuchenkrümel oder andere Speisereste warten. Mehr als eine Tasse Kaffee oder Tee hatte niemand der Gäste vor sich, die der Witterung zum Trotz und eng in ihre Jacken geschnürt auf der Terrasse Platz genommen hatten. Es gibt keinen schöneren Ort im Museum Louisiana als diesen, an dem es durch die optische Verkürzung am Rand einer Klippe so aussieht, als reiche das Meer bis an die Skulpturen heran, fast bis an die Tische. Vor der Leinwand des grauen Himmels schienen die Plastiken zu schweben.

Louisiana ist anders als andere Museen. Auch der Sammlung wegen. Mehr noch aber wegen der Art, sie zu präsentieren. Im Laufe mehrerer Jahrzehnte wuchs die Anlage in Humlebæk, knapp eine Autostunde nördlich von Kopenhagen und eine viertel Stunde südlich von Helsingør, im verwilderten Park eines Hofjägermeisters zu imposanter Größe. Das alte Landhaus steht noch, eine reizvolle Holzvilla mit Balkon, Veranda und Dielenboden. Sie ist kein architektonisches Juwel, aber ein überzeugendes Symbol für den Umgang, den man hier mit der Kunst und mit den Besuchern pflegt: Alles bleibt im menschlichen Maß.

Dieses Holzhaus, in dem der Unternehmer Knud Jensen mit seiner eigenen Kunstsammlung im Sommer 1958 das Museum eröffnete, ist bis heute der Eingang geblieben. Von dort aus mäandert ein Gewirr aus großen Sälen, langen gläsernen Korridoren und schlanken Seitenflügeln durch das Gelände. Die meisten Gebäude sind nur ein Stockwerk hoch, und ein nicht geringer Teil ist komplett unter der Erde verborgen. So kommt es, dass man das Museum kaum abbilden kann; genaugenommen kann man es von nirgendwo aus wirklich sehen. Und das soll auch so sein. Es geht hier nicht um ein Bauwerk, sondern um das Wesen und die Wirkung von Kunst – und nicht zuletzt um eine Verbindung zwischen ihr und der Natur. Deshalb gibt es keine einzigartige Fassade, deshalb hat man auf einen als Wahrzeichen taugenden Eingang verzichtet. Wahrzeichen für die Sammlung sind vielmehr die Werke selbst. Calders signalrote „Janey-Waney" an der Terrasse des Cafés zum Beispiel. Mehr noch vermutlich die „Liegende Figur" von Henry Moore, ebenfalls am Rand der Klippe, aber schon von der Villa aus zu sehen.

Es ist das erste Bild, mit dem der Park sich dem Besucher präsentiert. Der Blick gleitet über den englisch gestutzten Rasen, springt hin und her zwischen einem riesigen Wacholderbusch und mächtigen Bäumen und konzentriert sich schließlich auf die große Bronze am Ende eines gewundenen Pfads: ein Akt, das eine Bein leicht angewinkelt unter das andere geschoben, die Figur zweigeteilt, fast so, als wolle sie mit ihrer Fülle die Sicht aufs Meer nicht gänzlich blockieren. Sie ist die Antwort der hohen Kunst auf die Kleine Meerjungfrau im Hafen von Kopenhagen – und wie sie hier steht, energisch und doch ein wenig versonnen, greift sie zugleich das Motiv der Figuren Caspar David Friedrichs vor der Unendlichkeit des Meers auf. Kein Besucher, der je hier stand oder saß oder in der Sonne lag, was die Gäste des Museums im Sommer nur allzu gern tun, auf Decken neben Picknickkörben ausgestreckt, kann sich Moores „Liegende Figur" an einem anderen Ort vorstellen. So perfekt ist das Arrangement.

Und dann gibt es noch die kleine Gruppe von Giacomettis. Anders als die mehr als vierzig Skulpturen von Künstlern wie George Rickey und Jean Arp, Max Ernst und Jean Dubuffet, Joan Miró und Max Bill, Richard Serra und Louise Bourgeois sind sie nicht hinter Büschen versteckt und unter Bäumen postiert, wirken nicht wie Wächter am Wegesrand oder Antennen vor kahlen Wänden, stets perfekt abgestimmt mit der Umgebung. Giacometti hatte Knud Jensen von Anfang an einen eigenen Raum zugedacht – und ihn mit dem Schweizer Künstler gemeinsam eingerichtet, bespielt, inszeniert oder wie immer man das nennen soll, wenn vor dem dramatisch schönen Ausblick durch ein unvorstellbar großes Fenster eine Figur Giacomettis, ein Mann, leicht gebeugt, dürr, wie all seine Figuren, mit ausholendem Schritt auf die andere, stille, verschlossene Figur einer Frau zuläuft, einer Königin, unantastbar. Der kleine Saal gleicht einem Schrein, einem Andachtsraum, über den sich von draußen ein Vorhang aus den wallenden Ästen zweier Trauerweiden senkt. Die Möglichkeiten des Lebens zwischen Hoffnung und Verzagen sind in diesem Raum zu einem ergreifenden Bild geronnen. Hier begreift man, weshalb Kunst für manche als Religionsersatz taugt und das Museum zu einem Raum der friedvollen Einkehr wird.

Aber wie anders hat Janet Cardiff die Anlage genutzt. Sie hat, wie so viele Künstler, einige Zeit im Bootshaus des Museums verbracht, einem Gästehaus, in dem Größen wie David Hockney, Georg Baselitz und Gerhard Richter sich die Klinke in die Hand geben, in dem sie arbeiten oder sich erholen, während ihnen den Hügel hinauf im Museum umfangreiche Retrospektiven eingerichtet werden. Unterlegt mit den Geräuschen des Meers und Gesprächen im Park, dem Lärm eines Hubschraubers und dem Gezwitscher von Vögeln, sagt Janet Cardiff dem Besucher bei ihrem „Louisiana Walk No. 14“ vom Tonband aus, wohin er gehen soll, wohin er schauen soll, wann er stehen bleiben und wann er Platz nehmen soll. Folgt man ihren teils geflüsterten, oft verführerisch hingehauchten Anweisungen, erlebt man den Skulpturengarten ganz entgegen seiner heiteren Anmutung als einen düsteren Ort, in dem das Wurzelwerk eines Baums wie gichtene Finger nach dem Besucher greift und in dem Janet Cardiff mit suggestiven Sprachbildern die Welt eines Albtraums erstehen lässt, voller Ruinen und zugehängt vom Geruch kalter Asche. Die Kanadierin Janet Cardiff lässt den Besucher frösteln, und doch will man ihr gar nicht entkommen, folgt schon bald beim Gehen den Geräuschen ihrer Schritte, wird eins mit ihr und ihren Gedanken – und erschreckt, wenn sie ganz plötzlich im nüchternen Ton gebietet: „Bringen Sie jetzt die Kopfhörer zurück!"

Jasper von Altenbockum

Im goldenen Käfig Dorfgemeinschaft – Margrethe II.

Der goldene Käfig Dänemarks liegt an einem zugigen Platz. Der Wind bläst vom Fährhafen Kopenhagens her, trifft im Achteck Schloss Amalienborgs auf das Reiterstandbild Frederiks V., wirbelt zwischen den vier Palais der Anlage den Staub auf, zerzaust die Bärenfellmützen der königlichen Garde und verflüchtigt sich durch die Frederiksgade, bis er mit letzter Kraft auf die wuchtige Marmorkirche prallt. So einen Zug lieben die Dänen: frech, unberechenbar, lustig-goldig-drollig, und wenn die Sonne scheint, ist „dejlighed" perfekt, die gemütliche Schönheit, die es nur im kleinen Inselreich zwischen Ostsee und Nordsee gibt.

Im Achteck von Amalienborg hat sie etwas Anarchisches und Verführerisches. Denn im goldenen Käfig lebt eine Königin, die nach allgemeiner Auffassung und eigenem Bekunden für jene dänische Ästhetik und Lebensart eine starke Sympathie hegt, die allerdings, da liegt der Haken bei der Sache, eine nicht minder starke Abneigung gegen ihr Königtum, gegen Rollenzwang und Pflichtkorsett bedeuten müsste.

Zum Grübeln besteht für die Dänen deshalb kein Grund. Wann immer es aber einen Anlass gibt, Königin Margrethe II. hochleben zu lassen, gehört es zum Ritual der Festlichkeiten, den Palast in Kopenhagen in Augenschein zu nehmen und sich zu fragen: Hat es sich unser Staatsoberhaupt endlich darin bequem gemacht? Fühlt sie sich wohl? Kommt sie mit ihrer Rolle zurecht? Überfordern wir sie nicht? Daran schließen sich die wirklich wichtigen Fragen an: Hat sie uns noch etwas zu sagen? Ist sie mit ihrem Dänemark zufrieden? Wird sie mit uns schimpfen? Sind wir auf dem richtigen Weg? Mit anderen Worten: Eine Feier für die Königin endet in Dänemark unweigerlich mit einer gründlichen Nabelschau, die zwar immer wieder – mal einfacher, mal mühsamer – positiv ausfällt, aber doch auf beeindruckende Weise zeigt, wie eine machtlose Figur einer ganzen Nation tief ins Gewissen reden kann, ohne viel zu sagen. Wie musste sich das erst zeigen, in den Wochen und Tagen vor dem runden Geburtstag der Königin, die vor sechzig Jahren, am 16. April 1940, das Licht der dänischen Welt erblickte.

Von Licht kann man eigentlich nicht reden. Eine Woche zuvor war Dänemark von deutschen Truppen besetzt worden. Es gehörte zu den patriotischen Pflichten des Säuglings, sich von der Mutter, der späteren Königin Ingrid, im Kinderwagen durch Kopenhagen schieben zu lassen, um den Dänen, am besten laut schreiend, zu signalisieren: Es gibt ein Leben nach den Deutschen! Das Königshaus galt fortan als uneinnehmbare Bastion, und das Ansehen, das es heute genießt, geht noch immer auf jene Jahre zurück. Kaum ein Volk im Westen Europas beschäftigt sich derzeit so intensiv mit jenen Jahren vor 1945, mit der Verstrickung in den Nationalsozialismus und eigener Schuld. Die Nachricht, dass Ministerpräsident Rasmussen, ein Sozialdemokrat, einen Vater hatte, der zu den Sympathisanten der Besatzungsmacht gehörte, war vielen Zeitungen einen Aufmacher wert. Indirekt sind solche Berichte natürlich Balsam auf die Monarchie: Margrethe hatte in ihrem Kinderwagen nicht umsonst geschrien und ganz nebenbei den Mantel der Geschichte gerettet, ohne den ein Königtum nicht auskommt.

Der Mantel war in ihrem Fall allerdings zu einem ausgesprochenen Minirock geschrumpft, als Ministerpräsident Jens Otto Krag 1972 an einem trüben Januartag mit der Thronfolgerin auf den Balkon

Christiansborgs, des Parlamentsgebäudes, trat und rief: „Kunfreeriniondeedö! Länlevhensmaestemagreenan!“ („König Frederik der Neunte ist tot. Lang lebe ihre Majestät Königin Margrethe die Zweite!“) Es war nicht gerade eine royalistisch gesinnte Zeit, und Margrethe war durchaus ein Kind ihrer Zeit.

Zwanzig Jahre früher war ihr der Schock in die Glieder gefahren, als ihr die Konsequenzen der weiblichen Erbfolge vor Augen geführt wurden. Während der durchschnittliche Thronfolger in Europa Diskotheken aufsucht, schnelle Autos fährt oder schon zur Shakespeare-Figur geworden ist, bevor er seine Rolle spielen darf, liebäugelte Margrethe mit den Künsten und hielt noch lange an einem Pseudonym fest, um ihr persönliches Reich zu schützen. Mit der Zeit aber fügte sie sich in ihr Schicksal als Regentin, die nichts zu regieren hat, wohl aber die viel schwierigere Kunst beherrschen muss, die Erbmonarchie so mit dem Volkswillen in Einklang zu bringen, dass man meinen könnte, sie sei von allen gewählt worden.

In Dänemark ist das eigentlich ein Ding der Unmöglichkeit, wie überhaupt in Skandinavien, wo zwar die meisten Königshäuser in Europa zu finden sind, ausgerechnet Gleichheit, Konsens und Kollektivgeist am größten geschrieben werden. Nach alter Sitte und ungeschriebenen Gesetzen, von denen das romanhafte „jante-lov“ das berühmt-berüchtigtste ist („Glaube ja nicht, dass du etwas bist“), gilt es hier als unschicklich, aus der Menge hervorzustechen, und als selbstverständlich, sich der öffentlichen Kontrolle zu unterwerfen. So hat eine Bauerngesellschaft ohne große Revolutionen ihre Dorfgemeinschaft in einen Wohlfahrtsstaat gerettet, der den Dänen Belastungen abverlangt, die in anderen Ländern (mit Ausnahme Schwedens und Norwegens) zum Aufstand führen würden. In Dänemark dagegen hat die Bevölkerung nichts dagegen, die höchsten Steuern der Welt zu zahlen. Man würde noch mehr zahlen, wenn es nötig wäre.

Das sticht gegen das Bild der Dänen als den Italienern des Nordens ab, die sie allerdings auch nur sind, wenn man von Stockholm und Oslo nach Süden schaut.

Ist das nun so lustig-goldig-drollig, wie sich die Dänen ihr Leben gern vorstellen? Die Dänen sind glücklich. Glaubt man einer amerikanischen Studie, sind die Dänen sogar das glücklichste Volk der Welt. In allen wichtigen Kategorien der Untersuchung – Privatleben, Geld, Selbstbewusstsein, Religion, Arbeit, Freizeit – lag Dänemark mit seiner Zufriedenheit vorn, vor Australien, Amerika und Venezuela. Wie um ihr Wohlbehagen unter Beweis zu stellen, fanden sich im Januar knapp 30 000 Dänen auf dem Rathausplatz Kopenhagens ein – und lachten. Sie lachten – nach Zeitungsberichten: „ha ha ha ha ho ho ho ho ho" – so lange, bis der Weltrekord im Simultanlachen gebrochen war. Im Jahr zuvor hatten die Beobachter der dunklen Seite des dänischen Volkes, die Selbstmordforscher, Entwarnung gegeben: Die Zahl der Selbstmorde hatte sich im Vergleich zum Anfang der Achtzigerjahre nahezu halbiert. Nach den Gründen musste man nicht lange suchen. Dänemark hatte sich Ende der Neunzigerjahre mit viel Mühe, Fantasie und Sparen aus einem langen wirtschaftlichen Jammertal auf eine lichte Höhe emporgearbeitet.

Die Meinungen gehen auseinander, ob die Dänen in dieser Zeit selbstständiger, freier und individualistischer oder aber noch staatsgläubiger, wohlfahrtssüchtiger und versorgungsbegieriger geworden seien. „Die Dänen benehmen sich manchmal wie in einer geschlossenen Dorfgemeinschaft", sagte jetzt die Königin, die damit nur wenig Aufsehen erregte, obwohl sie an die Wurzeln ging und der negative Zungenschlag durchaus so gemeint war. Margrethe äußerte sich nicht zum ersten Mal zu einem Thema, das sie seit Beginn ihrer Amtszeit beschäftigt. Vor zwanzig Jahren schon hatte sie die aufkeimende Fremdenfeindlichkeit ihrer Landsleute angeprangert, die so gar nicht zum gern gepflegten Eindruck passte, zwischen den Meeren sei die Toleranz und das Leben-und-leben-Lassen zu Hause. Damals, in den Achtzigerjahren, als die Politik den Dänen eine ordentliche Diät, die „Kartoffelkur", verordnete, gab es die ersten Anzeichen dafür, dass die Segnungen des Wohlfahrtsstaats nur mühsam zu verteidigen sind, und Toleranz, gar Großzügigkeit, am schwierigsten dann zu haben sind, wenn man sie am meisten braucht. Stattdessen erlebten die „königliche dänische Neidsucht" und eine dörflich anmutende Wagenburgmentalität bis heute einen ungeahnten Aufschwung, die sich gegen alles zu richten drohten, was fremd ist und dem Staat auf der Tasche liegt.

Die dänische Dorfgemeinschaft habe eine gute und eine schlechte Seite, sagte Margrethe: Man kenne sich, aber man kenne sich so gut, dass man alles wisse. „Wir wissen nicht nur, was der Nachbar zum Abendessen isst. Wir wissen auch, was er nicht isst!" In einer solchen Atmosphäre, in der die Gesellschaft schnell zur verschworenen Menge unter weißem Kreuz auf rotem Grund, dem Danebrog, schrumpft, seien die Hürden für Fremde zuweilen allzu hoch und die Bereitschaft der Dänen zur Integration allzu gering. Was hatte Margrethe damit nicht alles angesprochen! Nur einen kleinen Schritt weiter, und sie wäre bei der einmaligen Euroskepsis Dänemarks angelangt, die hier ihre Ursprünge hat und so alt ist wie die dänische Mitgliedschaft in der Europäischen Union.

Es ist sicherlich nur Zufall, dass der Beitritt Dänemarks zur „Union" – ein problematisches Wort im Norden, weil es an die nordische Zwangsunion unter Margrethes eiserner Namenscousine im Mittelalter erinnert – mit Margrethes Thronbesteigung zusammenfällt. Ein geheimes Band, die Beschwörungsformel für die moderne, „demokratische" Margrethe-Monarchie, soll es aber auch hier geben, wo es vielleicht am unscheinbarsten ist, aber eines Tages am wichtigsten sein könnte. Dänemark hat so oft wie kein anderes

Land in Europa Volksabstimmungen über Souveränität, Europapolitik und Selbstbestimmung veranstaltet. Ganz zufrieden waren die Dänen mit keinem Ergebnis. Wenn zwischendurch die Monarchie gefeiert wird, hat man den Eindruck, dass die Dänen deshalb Gelegenheiten brauchen, im globalen Dorf, im großen Europa, im kleinen allgegenwärtigen Staate Dänemark die Volksseele baumeln zu lassen. Auch an ihrem Geburtstag genießen Margrethe und die Dänen diesen Ausflug ins Freie. Danach müssen sie alle schnell wieder zurück, jeder in seinen goldenen Käfig.

Reinhard Laszig

Made in Denmark

„Wo kommen Sie her? Aus Dänemark? Ach so, der Zipfel im Norden Deutschlands!" Meine Frau wurde noch grauer im Gesicht, als dies eine australische Flughafenangestellte in Darwin nach einem Nachtflug von sich gab. Schließlich sind Dänen nationalbewusst, in aller Regel königstreu und freundlich. Dies aber verschlug selbst ihr die Sprache. Gerade Australien! Hier sollte man mehr über Dänemark wissen, was sich, zugegeben, später durch die Heirat des Kronprinzen mit einer Australierin gründlich änderte. Auch die Karikaturisten aus dem Heimatland meiner Frau beförderten später durch vielleicht etwas blauäugig in den Zeitungen veröffentlichte spöttische Darstellungen des Islams das kleine Land in die Schlagzeilen der Welt.

Ein paar Jahrzehnte zuvor war es ein anderer Däne, der sich auf die Titelseiten der Zeitungen katapultierte – Jørn Utzon (1918–2008). Mit dem Bau des Sydney Opera House an prominenter Stelle im Hafen der multikulturellen Stadt setzte er sich und seinem Land ein Denkmal. Kaum ein Gebäude der neueren Zeit hat so viel Aufsehen erregt, wenn man mal vom Eiffelturm oder dem Empire State Building absieht. War es zuvor lediglich die Höhe eines Bauwerkes, die berichtenswert war, so war es jetzt die Qualität des Erbauten. Und doch ist Jørn Utzon nur einer von vielen dänischen Architekten, die in der Mitte des 20. Jahrhunderts guten Stil und Geschmack in die Welt bringen wollten.

Namen wie Arne Jacobsen (1902–1971), Vilhelm Lauritzen (1894–1984), Henning Larsen (1925) und in neuerer Zeit Lene Tranberg (1956) stehen für funktionelle, schöne und wegweisende Gebäude mit hohem Wiedererkennungswert. Gemeinsam ist allen der unverwechselbare „skandinavische" Stil, der mit dem natürlichen Licht spielt, es in die Räume strömen lässt und jeden Menschen neugierig auf diese Häuser macht. Gerade Arne Jacobsen setzte mit seinen Gebäuden in der Stadt am Øresund Akzente, die zweifellos nicht jedem gefielen. Besonders kontrovers wurde über den ersten modernen Hotelbau nach dem Zweiten Weltkrieg, das SAS Royal Hotel in der Nähe des Hauptbahnhofs, diskutiert. Viele waren in den 1960er-Jahren der Meinung, dass dieses erste Hochhaus die alte Stadtsilhouette zerstörte, und doch gab es letztendlich den Anstoß für weitere Hochhäuser, die bis zum heutigen Tage die neue Stadtansicht der Kaufmannsstadt prägen. Das SAS Royal Hotel war ein „durchgestyltes" Hochhaus mit moderner vorgehängter Fassade, eigens entwickelten Möbeln und nicht zuletzt Badarmaturen, deren Funktionsweise nicht auf den ersten Blick zu erkennen war. Damals eine Revolution, entlockt es einem heutigen Gast nur ein müdes Lächeln, hat er doch schon in etlichen anderen internationalen Hotels erfolglos versucht, die Dusche zu betätigen.

Heute ist das Hotel stilrein renoviert und ausgestattet mit Sitzmöbeln wie dem „Schwan" oder dem „Ei". Ja, selbst die Türklinken, Gardinen und die Essbestecke entwarf Arne Jacobsen selbst. Allerdings ist es kein Kinderspiel, dieses Besteck zu benutzen, so ungewöhnlich ist seine Form. All das kann man heute noch in Illums Bolighus auf dem Strøget kaufen. Auch die Gefäße der berühmten und klassisch gewordenen „Cylinda Line" von Stelton, die wohl unübertroffen sind, werden bis heute im In- und Ausland in großer Zahl verkauft und fehlen selbstverständlich in keinem dänischen Haushalt.

Arne Jacobsen baute noch sehr viel mehr in Kopenhagen. Erst nach seinem Tod wurde das wuchtige Gebäude der Dänischen Nationalbank eingeweiht, das – zugegeben – wie ein Fremdkörper zwischen der Börse Christians IV. (1577–1648) und seiner Holmenskirche wirkt. Doch der Jacobsen-Fan findet im noblen Vorort Klampenborg im Norden der Stadt weitere Meisterstücke. Hier entwarf er eine noch heute betriebene Tankstelle, ein Theater mit Schiebedach und nicht zuletzt das klassische Badewärterhäuschen, das einem Storchennest ähnelt. Er schuf darüber hinaus Entwürfe für Reihenhäuser und Wohnungen direkt am Strand – und um zu beweisen, dass man hier gut wohnen kann, zog er selbst in eines dieser Häuser gegenüber der Badeanstalt ein. Selbst auf einer Briefmarke der dänischen Post ist diese Reihenhaussiedlung verewigt worden. „Tue Gutes und rede darüber" – dies war immer schon die Devise der Design-Giganten aus dem Ministaat im Norden Europas.

Löffel oder Nationalbank – das ist nicht die Frage

Design und Architektur wurden zu einer typischen skandinavischen Kulturform, die sich in die Herzen der Menschen brannte. Schlichtheit, Minimalismus, Zeitlosigkeit und Gebrauchsfähigkeit sind Merkmale dieser Kultur, die als typisch dänische Formensprache bezeichnet werden kann.

Arne Jacobsen selbst sagte einmal, „dass die schöpferische Tätigkeit stets spannend ist, egal ob es um einen Teelöffel oder die Nationalbank geht". Gerade die Gebrauchsgegenstände hatten es Jacobsen angetan. So wurden die stapelbaren Stühle „Ameise" oder „Nr. 7" die wohl am häufigsten verkauften Stühle der Welt. Sie werden heute noch in der Nähe von Kopenhagen bei „Hansen" vollautomatisch von Robotern hergestellt. Das eben ist das Geheimnis – wenig Material, einfache Herstellung, hohe Funktionalität und ein

Preis, der für den Normalverbraucher nicht nur in Dänemark erschwinglich ist. Aber auch Namen von anderen Designern, die in Europa und der Welt bekannt sind, sind mit Dänemark und Kopenhagen im Speziellen verbunden. Genannt seien hier Kaare Klint (1888–1954), Hans J. Wegner (1914–2007), Børge Mogensen (1914–1972) und Poul Kjaerholm (1929–1980). Auch sie prägten den typischen skandinavischen Stil und ihre Produkte zieren heute das Museum of Modern Art in New York.

Aber so weit muss man als designbegeisterter Zeitgenosse nicht reisen, denn nur rund 150 Kilometer von Deutschland entfernt liegt eben die Hauptstadt der Dänen, die ein prachtvolles Museum des Kunsthandwerks (Kunstindustrimuseet) hat. Hier, in einem 300 Jahre alten ehemaligen Krankenhaus in der Bredgade, findet der Interessierte alles, was Kopenhagen in den 1940er- bis 1960er-Jahren zur Hauptstadt des Designs machte. Lampen von Poul Henningsen (1894–1967), Silber von Georg Jensen (1866–1935), Evald Nielsen (1879–1958), aber auch von Kay Boysen (1886–1950), der nicht nur Silber, sondern auch den berühmten Klammeraffen aus Holz entwarf. Und die unermüdlichen Wachsoldaten mit ihren roten Jacken und den schwarzen Mützen entzücken ebenfalls heute noch das Herz eines jeden Dänemarkfreunds.

Vom Stückgut zur Kultur

Doch was ist aktuell und neu in dieser kleinen Hauptstadt am Meer? Neue Design- und Architektur-Sehenswürdigkeiten entstanden in den letzten Jahren. Zu beobachten ist dies auch am „Kulturhafen", der sich vom Stückgut-Hafen zum Kulturzentrum der Stadt entwickelt hat. An erster Stelle ist die Königliche Oper zu nennen, die als Idee zweier älterer Herren entstand. Der eine, A. P. Mærsk Mc-Kinney Møller (1913), Großreeder und reichster Mann im Königreich, und der andere, Henning Larsen (1925), Baumeister von Ministerien, Banken und Verlagsgebäuden, taten sich zusammen, um eine große Idee zu verwirklichen. Beide auf ihre Weise genial, aber starrköpfig, was in beider Alter wohl verzeihbar ist. So plante Larsen, während Møller ständig an den Details herummäkelte. Heraus kam ein Opernhaus in der Blickachse von Marmorkirche und Schloss Amalienborg. Passte den Kopenhagenern nicht die anzügliche Lage, die Ausstattung oder die Architektur, so entgegnete Møller nur trocken, dass man an Geschenken nicht herumkritisieren solle, und ließ bauen. Frei nach dem Motto: Wer bezahlt, bestimmt die Musik! Larsen trieb es dabei vor Verzweiflung zeitweilig ins Ausland. Doch schließlich war das Werk 2005 vollbracht: In seinem Inneren fasst das mit hervorragender Akustik versehene Opernhaus 1700 Zuschauer, die, wie eine Tageszeitung schrieb, „hinter einem Kühlergrill" sitzen. Aber Oper hin oder her, Parkplätze hat man vergessen. Oder man hat sie bewusst nicht gebaut, da die Stadtoberen mit allen Mitteln versuchen, Autos aus der Innenstadt fernzuhalten, und Einwohner wie auch Besucher auf kleine Fahrräder zwingen wollen, die für 20 Kronen Leihgebühr ausgegeben werden. Dabei war Kopenhagen in dieser Hinsicht sehr innovativ, denn mittlerweile gibt es auch andere Städte in Europa, die Fahrräder zur Verfügung stellen. Immerhin sah man diese preiswerten Fortbewegungsmittel schon in Spanien oder Portugal. Ein ähnliches Problem hat das neue Schauspielhaus vom Büro Lundgaard & Tranberg, das, zugegeben, schön anzusehen, jedoch nach vieler Leute Meinung völlig deplaziert ist. Es liegt direkt am Hafen, an der ehemaligen Anlegestelle der Bornholm-Schiffe, und zerstört vom Stadtteil Christianshavn aus gesehen, wie ehedem das SAS Royal Hotel, das Stadtpanorama. Doch gemach, das Gebäude an sich ist außen wie auch innen eine architektonische Perle von größter Qualität.

Aber damit nicht genug. Bei der Aufzählung architektonischer Highlights am Hafen darf nicht der „Schwarze Diamant“ vergessen werden, der sich gegenüber einem von Henning Larsen gezeichneten Bankgebäude befindet. Direkt am Wasser stehend, spiegeln sich die glitzernden Wellen des Øresunds im morgendlichen Sonnenlicht in dem auf Hochglanz polierten schwarzen afrikanischen Stein. Scheint also die Sonne in Kopenhagen, und das tut sie öfter, als man meint, so erkennt jeder sofort, warum dieser Neubau der Nationalbibliothek seinen Namen trägt.

Aber nach all diesen Design-Eindrücken in der alten und zugleich neuen Stadt, die seit den 1990er-Jahren einen enormen Wandel vollzogen hat, muss der Gast sein müdes Haupt wohl auch mal in ein Hotelbett legen. Auch hier traut der das alte Kopenhagen kennende Gast seinen Augen nicht. Hilton und Marriott sind neu da, aber auch St. Petri, ein ehemaliges Billigkaufhaus im Zentrum der Altstadt, ist 1999 zu einem Hotel spektakulär umgebaut worden. Der über die Grenzen Kopenhagens und Dänemarks bekannte Per Arnoldi (1941) hat hier seine künstlerischen Spuren hinterlassen. Auf die Spitze getrieben hat man es im Hotel Fox, in dem 21 internationale Künstler die Zimmer gestalteten, was nicht jedem einen ruhigen Schlaf beschert. Selbst die Øksnehallen (Ochsenhallen) im alten Schlachthof am Bahnhof wurden zu einem Hotel und Konferenzzentrum aufs Allerfeinste ausgebaut. Während all dies noch einen überschaubaren Rahmen hat, breitete sich Danmarks Radio auf der den Hafen begrenzenden Insel Amager aus. Hier baute man im großen Stil mit dänischen und internationalen Architekten ein völlig neues Rundfunk- und Fernsehzentrum. Man wollte hoch hinaus und nichts war zu teuer. Was allerdings dazu führte, das bis zum Jahr 2009 bereits sechs Direktoren wegen nicht zu bändigender Kosten ihren Hut nehmen mussten. Jeglicher Finanzrahmen wurde gesprengt. Atemberaubende

Architektur, im Volksmund wegen der Ähnlichkeit der Kaaba in Mekka einfach „Kaaba“ genannt, und ein noch großartigerer Konzertsaal führten zur Entlassung von 3500 Mitarbeitern aus Kostengründen. So ist es relativ ruhig im Häuserkomplex und etagenweise stehen Studios, Werkstätten und Proberäume leer. Über ein eigens eingerichtetes Besucherzentrum ist dieses spektakuläre Gebäudeensemble jedoch zu besichtigen. Das Fernsehprogramm von DR1 ist allerdings für einen Ausländer, selbst wenn er dänisch spricht, eher eintönig und steht sehr im Kontrast zum pulsierenden Leben der Boomtown Kopenhagen.

Allerdings unterliegt auch das pulsierende Leben dem Wandel und so verschwinden die 1921 eingeführten Imbisswagen (Pølsevogn) zusehends aus dem Stadtbild. Dereinst als Arbeitsbeschaffungsprogramm für psychisch und physisch beeinträchtigte Menschen eingeführt, erfreuten sie über Jahrzehnte ganze Generationen von Stadtbesuchern und Einwohnern mit den giftig-roten, ziemlich fleischlosen Würstchen. Döner, Asia-Imbisse, Fastfood aus Amerika, Pizza und französisches Baguette bedrängen zunehmend dieses dänische Traditionsgut. Ebenso steht es um die kleinen, nur vormittags geöffneten Smørrebrød-Läden, die man heute schon suchen muss. Nach und nach werden sie weniger, wenngleich eine Adresse keinem Touristen vorenthalten werden sollte, nämlich die von „Ida Davidsen“ in der Bredgade. Sie hält tatsächlich 120 verschiedene dieser Schlemmerbrote mit kunstvoll aufgetürmtem Ei, Kaviar und Krabben und vielen anderen Leckereien bereit. Røde Pølser kann man vergessen, Smørrebrød nie!

Hans Joachim Kürtz

Kopenhagen – Die größte kleine Hauptstadt Europas

Die schwarzen Limousinen mit den Motorradeskorten hatten ihren Weg durch die Stadt schon wochenlang vorher geprobt; 3000 zusätzliche Polizisten waren aus der Provinz herbeibeordert worden; 1500 Journalisten aus aller Welt waren angereist: Kopenhagen war Gastgeber der größten Weltkonferenz, zu der die Vereinten Nationen jemals eingeladen hatten – des UNO-Sozialgipfels. Für das abschließende Galadiner auf Schloss Christiansborg musste der königliche Zeremonienmeister auch das Tafelsilber aus anderen Schlössern herbeiholen. Nicht weniger als 118 Staats- und Regierungschefs aus aller Welt waren der Einladung von Margrethe II. gefolgt. So viele Oberhäupter hatte die Geschichte noch nie beieinander gesehen. Kopenhagen war für einige Tage in den Mittelpunkt der Welt gerückt. Kopenhagen – eine Weltstadt? Die mittägliche Wachparade der Leibgardisten mit den Bärenfellmützen vor Amalienborg, die biedermeierliche Vergnüglichkeit des Tivoli, die kleine, bronzene Meerjungfrau, deren runde Geburtstage man mit Kanonensalut und Fähnchenschwenken feiert: Kopenhagen zeigt einen eigenartigen, provinziellen Charme. Auch in der Metropole hat man es gern „hyggeligt", was ein gutes Stück dänischer Lebensqualität umschreibt. Für „hygge" kennt das Deutsche kein eigenes Wort – nur annähernd lässt es sich mit „rundum zufriedene Behaglichkeit" übersetzen. Kopenhagen also eine etwas groß geratene, gemütvolle Provinzstadt?

„Weißt du", hatte mir der Museumsmann beim Frokost-Bier gesagt, „wir Kopenhagener sind ganz damit zufrieden, die größte kleine Hauptstadt Europas zu sein!" Immerhin zählt Groß-Kopenhagen mit seinen 29 Kommunen 1,6 Millionen Einwohner – bei etwa 5,5 Millionen im ganzen Inselreich! Damit lebt jeder dritte Däne in der Hauptstadt oder in ihrem Dunstkreis. „Es gibt nur zwei Arten von Dänen", hatte der Museumsmann geschmunzelt, „Kopenhagener und andere. Jene anderen in der Provinz sagen, wir haben überhaupt nichts gegen die Kopenhagener. Nur passt es uns gar nicht, dass sie unsere Flagge verwenden, unseren Danebrog!"

Was ist nun dieses Kopenhagen wirklich? Ist es Weltstadt oder Provinz oder beides in einem? Gehen wir auf die Suche nach den Puzzlen, aus denen sich die Antwort zusammensetzt. Beginnen wir, wo die Geschichte Kopenhagens vor gut 800 Jahren begann, bei den Fischfrauen am Gammel Strand, in deren Nachbarschaft die Möwen auf ihre Beute warten. Von den Kopenhagener Möwen ist zu sagen, dass sie nur wenig Respekt vor den Großen der dänischen Geschichte bekunden – weder vor den gekrönten Häuptern noch vor der hohen Geistlichkeit. Deren Standbilder zeigen als bevorzugte Landeplätze der Nimmersatten die unflätigen Spuren ihrer regen Verdauung. Auch Bischof Absalon, den man hoch zu Ross mit geschwungener Streitaxt und im Kettenhemd in Bronze gegossen hat statt mit Kreuz und Bibel, bleibt da nicht verschont. Dieser geharnischte Gottesmann, dem das Dreinschlagen mehr lag als das Predigen der Nächstenliebe, war der Gründer Kopenhagens. 1167 hatte er am Sundufer eine Burg angelegt, dazu einen Kaufmannshafen. Der gab den Namen: København. Die Mauern seiner Burg sind noch in den Katakomben unter Schloss Christiansborg zu sehen, das sich am Gammel Strand erhebt. Christiansborg ist heute Sitz des dänischen Parlaments. Und es hat zugleich die königlichen Repräsentationsräume unter seinem

Dach, in denen Margrethe II. die 118 Staatenlenker bei Tische versammelt hatte. Es zeichnet die dänische Geschichte aus, dass Krone und Volk immer gut miteinander auskamen. Als die Wellen der französischen Revolution 1849 schließlich auch den Øresund erreichten, waren die Bürger von Kopenhagen vors Schloss gezogen und hatten vorsichtig eine freie Verfassung gefordert. Ohne den Aufstand erst abzuwarten oder zu verhindern, hatte Frederik VII. seinen Staatsrat entlassen und auf diese Weise den Weg für eine bürgerliche Regierung frei gemacht. Diese verabschiedete eine der fortschrittlichsten demokratischen Verfassungen Europas: Die besondere Art der „königlich-dänischen Demokratie“ war geboren. Dem König setzte man ein ordentliches Reiterdenkmal vor dem Schloss von Christiansborg, auf dem die Kopenhagener Möwen sich wenig königlich benehmen.

Lassen wir uns auf der Suche nach der Antwort den nahen Strøget hinuntertreiben, den quirligen Bummelboulevard mit seinen Boutiquen und Bistros, seinen Warenhäusern für den besseren – und teureren – Geschmack, und mit seinen diversen Königlichen Hoflieferanten. Hier pulsiert urbanes Leben und alle Welt scheint mit allen Hautfarben vertreten. Wo ein Platz den Strøget verbreitert, da drängen sich Tische und Stühle für ein Bier oder ein Smørrebrød mitten im Passantentrubel. Wer einen Stuhl erobern kann, hat einen Logenplatz für das Theater Kopenhagen, in dem die Akteure vor allem eines zur Schau tragen – einen ausgeprägten Individualismus.

Nur ein paar Schritte sind es aus der Geschäftigkeit des Strøget in die gelassene Beschaulichkeit des Graue-Brüder-Marktes, wo die Wirtshaustische vor den bunten Hausfassaden die großmütterlich karierten Decken tragen. Der Kaffee wird in der Familienkanne serviert, Wienerbrød warm aus dem Ofen. Man nimmt sich hier Zeit – auch für ein Gespräch mit dem zufälligen Tischnachbarn. Man müsse immer wieder einmal richtig „afslappet“ sein, lässt mich der meine wissen. „Afslappet“ ist wie „hyggeligt“ ein Schlüsselwort für dänische Lebensart. Es bedeutet, die Dinge ruhig angehen, ohne Stress, entspannt bleiben. Die Kopenhagener sind Meister in der Kunst des Baumelnlassens der Seele.

Folgen wir dem Strøget wasserwärts zum „Kongens Nytorv“. König Christian V. hatte diesen vornehmsten Platz der Stadt nach seiner Thronbesteigung 1670 anlegen lassen. In seiner Mitte ließ er sich selber als Denkmal in Erz gegossen setzen – auf einem dahintrabenden, schweren Ackergaul. Drum herum stehen barocke Adelspalais, das noble Traditionshotel „D’Angleterre“ und das Königliche Theater. Man kann es getrost zu den Kopenhagener Besonderheiten zählen, dass sein königlicher Prunkplatz noch vor einem Vierteljahrhundert ausgerechnet die sündige Meile der Seeleute zum direkten Nachbarn hatte – das Soho von Nyhavn, an dem Stichkanal, den jener Christian bis vor sein eigenes Standbild graben ließ.

Dieser Nyhavn-Kanal hatte immer seine wohlanständige Seite mit den breiten, stattlichen Straßenfronten der Bürgerhäuser und seine unanständige am jenseitigen Ufer: die flatterhaft schmalbrüstigen, farbfrech kokettierenden Giebelhäuser mit ihren Kellerkneipen, Matrosenspelunken und zwielichtigen Etablissements. Heute hat die Sünde auch der unanständigen Seite Nyhavns den Rücken gekehrt. Was noch vor etwa 30 Jahren die große Biertränke für die ewig durstigen, über den Sund hereinfallenden Schweden war, hat sich ganz ins Mondäne gewandelt. Nobelkneipen sind in die Spelunkenkeller eingezogen, hinter den restaurierten Fassaden vormaliger Anrüchigkeit reiht sich ein Schickeria-Restaurant an das nächste. Sündhaft sind auf Nyhavn die Preise geblieben.

Der nächste König auf dem Pferderücken lässt nicht lange auf sich warten – das Reiten scheint eine der Hauptbeschäftigungen der dänischen Herrscher gewesen zu sein. Dieser – Frederik V. – reitet drei Straßenecken hinter dem pittoresken Kneipenmilieu über einen weiten, achteckigen Platz, den das prächtige Schlossensemble Amalienborg mit seinen vier Rokokopalais umschließt. In ihnen sind „Königs“ zu Hause – Margrethe II. und Prinzgemahl Henrik samt ihren Dackeln sowie Kronprinz Frederik mit seiner Mary, bewacht von der Leibgarde in ihren roten Schilderhäuschen. Die Wachsoldaten, die noch immer so aussehen wie der standhafte Zinnsoldat in Andersens Märchen, tragen schwer an ihren hohen, schwarzen Bärenfellmützen – zwei Kilo wiegt der überkommene Kopfputz. Punkt zwölf Uhr mittags, mit dem Glockenschlag von der nahen Marmorkirche, beginnt unter den Fenstern der Königin mit Trommelschlag und Pfeifenklang das mehr als 200 Jahre exerzierte Ritual der Wachablösung: 83 junge Leibgardisten mit gezücktem Degen und präsentiertem Gewehr erfreuen die Heerscharen von Zuschauern mit ihrem gedrillten Paradierballett.

Kopenhagen, die Stadt der Reiterdenkmäler und der Königsschlösser, der Adelspalais und der Handelshäuser – und doch ist es keine Stadt, die zu prahlen sucht. Kopenhagen geht es nicht ums Imponieren, wichtiger ist die gefällige, ästhetische Gestaltung. „Weißt du“, hatte mir der Museumsmann beim Frokost-Bier erklärt, „bei uns darf alles auch ruhig eine Nummer kleiner sein. Wenn etwas allzu monumental oder zu streng zu werden droht, dann haben wir noch schnell ein Türmchen oder einen Erker oder irgendeinen verspielten Schnörkel dazugesetzt und so alles ein bisschen ironisiert.“

Die Türme sind keine Allerweltstürme. Es sind die verspielten, aufgezwirbelten, spiraligen Kopenhagener Türme, die wirken, als hätten ihre Baumeister ihrem Spieltrieb einmal so richtig freien Lauf lassen dürfen. Nirgendwo passen die kuriosen Bauwerke besser hin, als in diese selber etwas aufgedrehte, spleenige Stadt am Sund, die sich nicht so recht ernst nehmen mag. Da ist die Börse, die Christian IV. mit seiner unstillbaren Passion fürs Bauen um 1625 errichten ließ, als der europäische Kontinent unter den Schrecken des Dreißigjährigen Krieges stöhnte. An ihrem Turm aus den vier zur Spitze hin aufgedrillten Drachenschwänzen hatte der Dänenkönig in seiner friedlichen Residenzstadt so viel Spaß, dass er bei den Bauarbeiten selber Hand anlegte. Auch der Rundturm der Trinitatis-Kirche stammt von ihm, mit seinem inneren, gut 200 Meter langen Schneckengang, auf dem der königliche Bauherr hoch zu Ross fast auf die Turmspitze gelangen konnte. Beim Besuch Peter des Großen ließ sich die Zarin sogar sechsspännig die breite Wendelrampe hinaufkutschieren. Zu erwähnen ist auch noch der Spiralturm der Erlöser-Kirche, den Frederik V. 1750 als eine kühne Himmelstreppe konstruieren ließ, die sich außen um den Turmzylinder herum 90 Meter in die Höhe schraubt.

Der Strøget und die Königsschlösser und all die Gemütlichkeit zwischen dem Rathausplatz und dem Langeliniekai – sicher, das sei ein gutes Stück Kopenhagen, meint Morten, ein alter Freund vom dänischen Fernsehen, dem ich von meiner Spurensuche berichte. Aber Kopenhagen, das seien auch die drei Brückenviertel – die „Bros", die man vor die Stadt baute, als diese mit der Industrialisierung im 19. Jahrhundert die zuströmenden Arbeiter nicht mehr aufnehmen konnte. Nørrebro entstand hinter der Brücke nach Norden, Vesterbro hinter der nach Westen, Østerbro hinter der östlichen. Jedes der drei Viertel hat seinen eigenen Charakter und seine eigene soziale Struktur.

In den Seitenstraßen von Nørrebro mit seinen alten Mietshäusern gibt es noch die kleinen Kellerläden, vor denen sich die bunten Plastikkanister stapeln, in denen man den Brennstoff für seinen Petroleumofen kauft. Es gibt noch die letzten kleinen Lebensmittelhändler, die den Supermärkten trotzen. Es gibt noch die Trödler und die Fahrradschlosser. Man kennt sich und grüßt sich mit einem breiten „Dau!“. Aber auf Nørrebro liegt auch das berüchtigte Schwarze Viereck, in dem sich „Autonome“ und Polizisten immer wieder einmal blutige Straßenschlachten liefern. Das Schwarze Viereck gilt als das schlimmste zusammenhängende Slumviertel im ganzen Königreich.

Denn auf Nørrebro hat die rücksichtslose Spekulation mit der Wohnungsnot vor gut hundert Jahren ein besonders düsteres bauliches Erbe hinterlassen. Was man zunächst als Höfe zwischen den Mietskasernen freigelassen hatte, baute man sehr bald auch noch mit Seiten- und Hinterhäusern, mit Werkstätten und kleinen Fabriken zu, bis hin zum letzten Winkel. Hier wohnte dichtgedrängt die Armut. Am baulichen Zustand hatte sich über hundert Jahre nicht viel geändert – mit Ausnahme des fortschreitenden Verfalls. Erst vor vierzig Jahren begann man – schon wegen der permanenten Gefahr von Brandkatastrophen in den völlig unzugänglichen Hinterhöfen – mit der Sanierung ganzer Straßenzüge. Man schlug kräftig Schneisen durch die Tristesse der Hinterhofbebauung und schuf damit Licht- und Luftlöcher für die Viertel. Und man legte die engen Armutsunterkünfte zu größeren Wohnungen zusammen.

Auch Vesterbro ist ein Hinterhofviertel, durch das sich die Sanierer mühsam den Weg zum Besseren bahnen. Doch schon die große Zahl von kleinen Stammkneipen, die „Eisenstange“ heißen oder „Prüfstein“, „Pfeife“ oder „Hoffnung“, spricht dafür, dass die Leute auf Vesterbro offener für das Miteinander und auch für das Amüsement sind. Man schreibt das der Tradition der Fleischer zu, die nur hier außerhalb der Stadtmauern neben dem Galgenberg ihrem blutigen Handwerk nachgehen durften. Neben ihren Fleischerbuden hatten sich Wirtshäuser und allerlei lockeres Volk angesiedelt. Das ließ das spätere Vesterbro zum Viertel werden, wo man sich amüsierte. So machten sich gerade hier in den 1960er- und 1970er-Jahren mit der großen Welle der dänischen Libertinage die Sexshops, Pornoläden und die so gar nicht intimen Intimclubs und Massagesalons breit, die Kopenhagens zweifelhaften Weltruhm als Hauptstadt des Lust-Kommerz begründeten. Heute ist von dem Milieu nur noch ein trister Bodensatz übrig.

In Vesterbro spielte sich das Leben vorwiegend auf der Straße ab, auf der Vordertreppe der Mietshäuser, weil es in den Wohnungen zu eng war. Und dabei ist es bis heute geblieben. „Dieses Leben auf den Straßen von Vesterbro“, schrieb der Autor Dan Turell, der selber nach Vesterbro zog, „entfaltet all seine Schönheit, Schamlosigkeit und Erbärmlichkeit, all seine kleinen Wunder, seine gesamte hässliche Tristesse und seinen ganzen verheißungsvollen Farbenreichtum“. Die traditionelle Straßenkultur der vielen arabischen Einwanderer auf Vesterbro gibt diesem Bild noch eine zusätzliche, exotische Note.

Wenden wir uns bei unserer Spurensuche der besonderen Spezies von Menschen zu – den Kopenhagenern. Als vor Jahren eine dänische Touristikchefin von einem französischen Rundfunkreporter gefragt wurde, was Kopenhagen eigentlich Besonderes habe, das in anderen europäischen Städten fehle, hatte sie spontan geantwortet: „Uns!“ Denn ohne die spezielle Lebensart der Kopenhagener wäre die eigenwillige Atmosphäre der Stadt nicht denkbar. Frohsinn, Schlagfertigkeit und mangelnden Ernst im Denken und Fühlen schreibt das Wörterbuch der dänischen Sprache den Hauptstadtbewohnern zu. „Sie sind von einer angenehmen Gelassenheit und sie haben die Eigenschaft, an Bewährtem festzuhalten. An dieser verzögernden Bedachtsamkeit mag es auch liegen, dass in dieser Stadt vieles länger ursprünglich bleibt als anderswo“, stellte ein langjähriger, ausländischer Beobachter fest. Ein anderer nannte es drastischer ein „unerschüttliches Phlegma“. Einen Kopenhagener aus der Reserve zu locken, sei nicht leicht, bemerkte ein Dritter. Meist verpacke er seine

Meinung in eine freundliche Bemerkung oder einen Witz. Toleranz, Gelassenheit, Humor und Selbstironie, eine naive Freude am Schönen und Gemütlichen, Sinn für das Skurrile und ein gutes Stück Beharrung – das macht das Kopenhagenerische in seinem Inneren aus.

Was stünde als Symbol für diese Mischung von Wesenszügen trefflicher als das Tivoli, die legendäre Großmutter der Vergnügungsparks! Ein Phänomen wie das Tivoli konnte überhaupt nur in der Atmosphäre Kopenhagens gedeihen. Wenn heute auch die meisten der zig Millionen Besucher im Jahr Touristen aus aller Welt sind, so ist der Amüsiergarten doch ein Stück Kopenhagener Lebens und Kopenhagener Seele geblieben. Man feiert Geburtstag mit Freunden in einem seiner 28 Restaurants, man besucht das eine oder andere der 150 jährlichen Konzerte mit Künstlern von Weltrang, man lässt sich ein paar Mal im Sommer durch die bunte Parkwelt mit ihren angeblich 400 000 Blumen und 110 718 bunt leuchtenden Glühbirnen dahintreiben. Der Eigenbrötler und unstete Fantast Georg Carstensen hatte vor gut 150 Jahren König Christian VIII. davon überzeugt, dass ein Volk nicht politisiere, wenn es sich nur amüsieren könne. Der Monarch war angesichts des vorrevolutionären Grollens auf dem Kontinent so angetan von der Aussicht auf Ruhe in seinem Königreich, dass er Carstens – gegen Pacht, versteht sich – ein Stück der alten Festungswälle überließ. Der konnte seinen Lebenstraum verwirklichen: einen „von Menschenhand geschaffenen Garten, der Kinder und Erwachsene bezaubert, ein lebendiges Abenteuer, für das wir niemals zu alt werden". Alle Klassen der Gesellschaft sollten sich hier auf demokratische Weise vermischen.

Das typisch dänische Märchen mit seiner ganzen Biedermeierlichkeit wurde Wirklichkeit. Und das Märchen wurde ein Erfolg. Viele hundert Millionen Menschen haben das Tivoli seit 1843 besucht. Vieles ist geblieben, wie es immer war: der Pierrot mit seinem weiß geschminkten Gesicht und seinem roten Riesenmund – er wirbt noch immer in der Pantomime nach Art der klassischen Commedia dell'arte um das Herz der schönen Kolombine; die großväterliche Achterbahn, mit der sich in jeder Saison über eine Million Menschen in rasender Fahrt kreischend und jauchzend in die Tangenten stürzen – sie hat seit 1914 schon viel gesehen auf ihren Buckeln und Tälern. Jedes Jahr, so haben fleißige Statistiker errechnet, fährt sie einmal um den Äquator und noch die Strecke vom Nordpol bis Sizilien dazu. Das gute, alte Riesenrad mit seinen bunt lackierten Gondeln ist längst ein unverzichtbares Fossil der besonderen Tivoli-Kultur, die vor allem auf Beharren baut.

Bleibt noch nachzutragen, dass jene Kopenhagener, die ihr Tivoli-Vergnügen gern deftiger und ursprünglicher genießen möchten, nach Klampenborg hinausfahren. Dort gibt es in der herrlichen Natur des Königlichen Hirschgartens mit dem Jagdschloss „Eremitage" einen weiteren Vergnügungspark: „Bakken", dessen Anfänge vierhundert Jahre zurückliegen.

Wir könnten doch alles bei einer „kleinen Frokost" besprechen, hatte Morten vorgeschlagen. Und so saßen wir in einer der guten alten Kopenhagener Kellerwirtschaften nahe Schloss Christiansborg über einem Smørrebrød mit Sherry-Hering und Zwiebelringen und einem Tuborg grøn. „Du siehst, an den heiligen Gütern der Nation hat sich nichts geändert. Frokost ist in Kopenhagen Frokost geblieben", sagt Morten und zeigt auf all die redseligen Kaufleute und Abgeordneten und Ministerialbeamten, die um uns herum über ihrem Hering und ihren Tuborggläsern Gott und die Welt zu bewegen schienen. Denn wer immer zur Mittagszeit seinen Schreibtisch für eine „kleine Stunde" allein lassen kann, findet sich in seinem Stammlokal zur kommunikativen Brotvesper ein. Die Frokost-Restaurants, die nach der mittäglichen Brotzeit für den Rest des Tages schließen, gehören zu den gastronomischen Eigenheiten von Kopenhagen.

„Ja, der Hering – ihm hätte Kopenhagen schon längst ein Denkmal setzen müssen“, sagt Morten. „Wegen des Heringssegens im Sund kamen die norddeutschen Kaufleute in den neuen Hafen Absolons, um sich hier ihre Schiffe mit der begehrten Fastenspeise vollzuladen. Das hatte den Hafenplatz zur Stadt wachsen lassen. Und die Stadt hatte dann 800 Jahre lang vor allem vom Hafen gelebt. Kopenhagen ohne die Schiffe aus aller Welt zwischen seinen Häusern war für mich immer unvorstellbar. Aber jetzt werde ich wohl doch noch umdenken müssen!“

Denn die kilometerlangen Kais der Stadthäfen sind leer. Die großen Schiffe mit Fracht für Skandinavien sind nach Göteborg mit seinem Tiefwasserhafen ausgewichen. Geblieben ist von der ganzen einstigen Schifffahrtspracht nur ein bescheidener Basishafen als regionaler Verteilerplatz, geblieben sind die großen Fähren nach Oslo und Bornholm und die kleinen nach Malmö auf der anderen Seite des Sunds. Nur die Kreuzfahrtschiffe, die mit ihren Touristen an der Langelinie festmachen, erfreuen das Hafendirektorat mit sprunghaft gewachsenen Zahlen.

„Tun wir was für unsere Kultur – trinken wir noch ein Bier!“, hatte Morten bei unserer gemeinsamen Frokost entschieden. Die alte, scheinheilige Ausrede aller Dänen, wenn der Durst nach einem weiteren Bier verlangt: Seit nämlich der geschäftstüchtige J. C. Jacobsen 1847 mit einer heimlich in München beschafften Rezeptur für bayerischen Gerstensaft in Kopenhagen den Grundstein für eines der größten Brau-Imperien der Welt legte, profitieren Kunst und Wissenschaft reichlich vom großen Bierdurst der Dänen. Denn die Millionengewinne des heutigen Carlsberg-Tuborg-Konzerns fließen über mehrere Fonds in die Kultur des Landes. So verdankt Kopenhagen seine berühmten Kunstsammlungen – wie die der Neuen Glyptothek – dem Mäzenatentum der fleißigen Brauer.

Lassen wir die Spurensuche nach dem Wesen dieser Stadt am Øresund bei jener kleinen, nackten Dame enden, die weltweit zum Symbol für Kopenhagen wurde – bei der bronzenen Meerjungfrau auf ihrem Granitfindling vor der Hafenpromenade. Sie verdankt ihre Existenz der Begeisterung der Dänen für die Märchenwelt H. C. Andersens, für das Ballett und für das Bier. Denn der Brauer-König Carl Jacobsen hatte die „Lille Havfrue“ 1913 schaffen lassen, nachdem er die Primaballerina Ellen Price die Rolle der Meerjungfrau hatte tanzen sehen. Die Kopenhagener schlossen die kleine Nackte mit der Schwanzflosse fest in ihr Herz.

Wenn am Ende unserer Spurensuche der Eindruck bleibt, dass die Hauptstadt der Dänen provinzieller sei als andere europäische Metropolen, dann spricht das nicht gegen Kopenhagen. Denn die Stadt lebt nicht von einem repräsentativen, weltläufigen Äußeren, sondern sie lebt von innen heraus – sie ist ein Spiegelbild der Lebensart ihrer Bewohner. Das macht dieses beschauliche, heitere, liebenswürdige Kopenhagen zu einer der menschlichsten Metropolen Europas.

Joachim Ringelnatz
Ab Kopenhagen

Kein Kaviar, kein' Kokosnuss,
Kein Obst noch Weinbergschnecken –
Am Tage, da ich reisen muss,
Da will mir nichts mehr schmecken.

Lebe wohl, du schönes Kopenhagen!
Wie ist das schlimm: Entbehrlich sein.
Was kümmert dich im Grunde mein
Schweres Herz und mein leerer Magen.

Der mein Gepäck zur Bahn gebracht,
Der Mann kennt keine Tränen.
Im Gegenteil: er grüßt und lacht
Vergnügt. So sind die Dänen.

Wie stets nach dreißig Tagen
Bricht eine neue Welt entzwei.
Mich hat ein Mädchen hier umgarnt,
Ein Wunderweib! – Vorbei! Vorbei!
Nun sitz ich still im Wagen.
Jedoch ich will nicht klagen.
Vor Taschendieben wird gewarnt.

Lebe wohl, du schönes Kopenhagen.

Herausgeberin und Autoren

Annie Lander Laszig (geb. 1946 in Kopenhagen), Pastorin und Lehrerin, Goodwill-Botschafterin für Kopenhagen; zahllose Vorträge über die dänische Hauptstadt, organisiert und leitet Studienreisen dorthin; Lektorin für Skandinavien und Grönland auf Kreuzfahrtschiffen; Vorsitzende der Deutsch-Dänischen Gesellschaft.

Jasper von Altenbockum (geb. 1962), Master of Arts in Politik, Geschichte und vergleichender Literaturwissenschaft; verantwortlich für politische Nachrichten bei der Frankfurter Allgemeinen Zeitung; bereiste von Stockholm aus den Norden Europas und berichtete über Skandinavien und das Baltikum.

Hans Christian Andersen (1805–1875), einer der bekanntesten dänischen Schriftsteller, wurde in Odense geboren, lebte aber seit seinem 15. Lebensjahr in Kopenhagen und erhielt hier Inspirationen für viele seiner Märchen und Romane; die Stadt und ihre Einwohner waren dem Märchendichter ständige Quelle neuer Ideen; leicht kann man in Kopenhagen auch heute noch auf seinen Spuren wandeln.

Herman Bang (1857–1912), bekannter dänischer Schriftsteller und Journalist; zu seinen Lebzeiten wurden die alten Stadtwälle niedergerissen und Kopenhagen veränderte völlig sein Aussehen, sein Roman „Stuck" beschreibt diese dynamische Zeit.

Heinz Barüske (1915–2005), Professor h. c., Skandinavist und Sachbuchautor; sein besonderes Interesse galt den skandinavischen und grönländischen Märchen; für seine kulturvermittelnde Arbeit erhielt er verschiedene Auszeichnungen, u. a. das Bundesverdienstkreuz.

Tania Blixen (1885–1962), eigentlich Karen Blixen, sie wählte Tania als Pseudonym; Dänemarks berühmteste Afrika-Reisende kehrte nach dem Scheitern ihres afrikanischen Traums in die Heimat zurück und wurde dort zur großen Künstlerin; ihre Erzählungen gehören zur Weltliteratur – entstanden sind sie alle in Rungstedlund, ihrem Geburtshaus, in dem sie bis zu ihrem Tod lebte.

Knud W. Jensen (1916–2000), Gründer des Museums für moderne Kunst Louisiana in Humlebæk und langjähriger Direktor.

Søren Kierkegaard (1813–1855), wohl kein anderer Kopenhagener hat größeren Weltruhm erreicht als der dänische Philosoph, Essayist, Theologe und religiöse Schriftsteller; er gilt als Begründer der Existenzphilosophie, war Kopenhagener aus Leidenschaft und hat seine Heimatstadt kaum je verlassen.

Hans Joachim Kürtz (geb.1933), TV-Journalist, Sachbuchautor, Lektor für nordatlantische Regionen auf Kreuzfahrtschiffen; langjähriger Skandinavien-Korrespondent des ZDF und Kenner der dänischen Sprache; Autor diverser Fernsehdokumentationen; im Ellert & Richter Verlag ist er u. a. Herausgeber des Reiselesebuchs „Island".

Freddy Langer (geb. 1957), leitet den Reiseteil der Frankfurter Allgemeinen Zeitung; zahlreiche Reisen führten ihn nach Dänemark; er ist Autor etlicher Reisebücher, vor allem über Amerika; im Ellert & Richter Verlag ist er Herausgeber der Reiselesebücher „Grönland", „Australien", „Südsee" und Autor von „Alles zu Fuß. Aufbrechen. Grenzen überschreiten".

Reinhard Laszig (geb.1948), niedergelassener Urologe und Belegarzt in Kiel; seit Jahren beschäftigt er sich mit der Geschichte, Kunst und Kultur der skandinavischen Länder, besonders Dänemarks; Struensee-Kenner und Lektor auf Kreuzfahrtschiffen im Ostseeraum sowie in arabischen Ländern; im Ellert & Richter Verlag ist er Herausgeber des Reiselesebuchs „Golfstaaten".

Joachim Ringelnatz (1883–1934), Schriftsteller, Kabarettist und Maler; bekannt sind vor allem seine humoristischen Gedichte und die Kunstfigur Kuttel Daddeldu.

Birgit Sippell-Amon (geb. 1944), Journalistin und Autorin mit dem Spezialgebiet Film, Sachbuchautorin; seit es die gebürtige Bayerin in den Norden Deutschlands verschlagen hat, wendet sie sich verstärkt dänischen Themen zu.

Kurt Tucholsky (1890–1935), gehört zu den meistgelesenen Schriftstellern der Weimarer Republik, schrieb oft unter verschiedenen Pseudonymen; war zugleich Satiriker, Journalist und Kabarettautor; 1932 besuchte er Kopenhagen.

Quellennachweis

Annie Lander Laszig
Von glücklichen Dänen und roten Würstchen
Originalbeitrag

Heinz Barüske
Kopenhagen wird Hauptstadt und Residenz des Königreichs Dänemark, aus: Ders., Erich von Pommern. Ein nordischer König aus dem Greifengeschlecht. © Hinstorff Verlag GmbH Rostock, 1997

Annie Lander Laszig
Königliches Kopenhagen – Ein genialer Christian IV.
Originalbeitrag

Hans Christian Andersen
Der Runde Turm, aus: Ders., Sein oder nicht sein. Aus dem Dänischen von Erik Gloßmann. ars vivendi Verlag 2003

Reinhard Laszig
Wo Struensee seinen Kopf verlor
Originalbeitrag

Hans Christian Andersen
Mutter Holunder, aus: Ders., Gesammelte Märchen Bd. 1. Manesse Verlag 1989

Søren Kierkegaard
Østergade – Die Flaniermeile der Kopenhagener, aus: Ders., Entweder – Oder Teil 1. Deutsche Übersetzung von Heinrich Fauteck. Deutscher Taschenbuch Verlag 1975

Herman Bang
Der Sund und die Küste, aus: Kopenhagen. Die Hauptstadt Dänemarks, hg. v. dem Dänischen Touristenverein. 1898

Annie Lander Laszig
Skål for København! Oder: Wie Bier zu Kunst wird
Originalbeitrag

Birgit Sippell-Amon
Das Märchen von der Kleinen Meerjungfrau an der Langelinie
Originalbeitrag

Kurt Tucholsky
1372 Fahrräder, aus: Ders., Glossen und Essays. 1932

Kurt Tucholsky
Glückliches Kopenhagen, eine Oase in der Wüste, aus: Ders., Glossen und Essays. 1932

Tania Blixen
Rungstedlund, aus: Dies., Mottos meines Lebens. Betrachtungen aus drei Jahrzehnten. © 1991, Deutsche Verlagsanstalt, München, in der Verlagsgruppe Random House GmbH. Übersetzung: Sigrid Loebe

Knud W. Jensen
Mein Louisiana-Leben – Werdegang eines Museums, aus: Ders., Mein Louisiana-Leben. Werdegang eines Museums. © Ritter Verlag 1991

Freddy Langer
Calder in der Meeresbrise, aus: Frankfurter Allgemeine Zeitung vom 11.09.2008. © Alle Rechte vorbehalten. Frankfurter Allgemeine Zeitung GmbH, Frankfurt. Zur Verfügung gestellt vom Frankfurter Allgemeine Archiv

Jasper von Altenbockum
Im goldenen Käfig
Dorfgemeinschaft – Margrethe II.
(Im goldenen Käfig
Dorfgemeinschaft. Zum
Geburtstag Königin Margrethes:
Sechzig Jahre Dänemark), aus:
Frankfurter Allgemeine Zeitung
vom 15.04.2000. © Alle Rechte
vorbehalten. Frankfurter
Allgemeine Zeitung GmbH,
Frankfurt. Zur Verfügung gestellt
vom Frankfurter Allgemeine
Archiv

Reinhard Laszig
Made in Denmark
Originalbeitrag

Hans Joachim Kürtz
Kopenhagen – Die größte kleine
Hauptstadt Europas
Originalbeitrag

Joachim Ringelnatz
Ab Kopenhagen, aus: Ders.,
Reisebriefe eines Artisten. 1927

Impressum

Bibliografische Information der Deutschen Bibliothek
Die Deutsche Bibliothek verzeichnet diese Publikation in der Deutschen Nationalbibliografie; detaillierte bibliografische Daten sind im Internet über http://dnb.ddb.de abrufbar.

ISBN 978-3-8319-0356-6

Textauswahl:
Annie Lander Laszig, Kiel
Redaktion:
Beatrix Sommer, Hamburg
Redaktionsassistenz:
Dinah Rieck, Hamburg
Gestaltung:
Büro Brückner + Partner, Bremen
Gesamtherstellung: Offizin Andersen Nexö Leipzig GmbH, Zwenkau

Das Titelbild zeigt die Kleine Meerjungfrau in der Dämmerung. Die Rechte des Bildes liegen bei Glaescher/laif.